道徳の授業をもっと楽しくするための *30* の秘密

道徳を図解する。

著者 **前田 治**

カバーデザイン **加藤 マンヤ**

JN132452

はじめに introduction

　中学校で、ソフトテニス部の顧問をしていた時のことである。大会が近づいてきたのに、キャプテンＡ子が休み始めた。学校には来ているので、何か友人関係のトラブルでもあったのかと思い、呼び止めて話を聞くことにした。

　「どうした」と言うと、しばらく黙っていたＡ子の目に涙があふれてきた。その涙をぬぐおうともせずに、Ａ子は下を向いてぼそりと「母が癌です」と答えた。

　「そうか、大変だな」と言うと、Ａ子は、自分をまっすぐ見て「誰にも言っていなかったんです、黙っていてすみません」と……。続けてＡ子は、家事等は全部行っていると話した。

　「よし分かった。お母さんのことを最優先するんだぞ。でも大会には出すからな」と言うと、Ａ子は「先生、朝の部活動は休みます。でも午後は出ます。キャプテンの務めはします」と、きっぱり言ったのである。そして、Ａ子は最後に「先生、みんなには内緒にしていてください」と付け加えた。

　「でも、大会前日には、休んでいた理由を自分の口から、みんなへ伝えるということでいいか」と言うと、Ａ子はこっくりとうなずいた。

　大会でＡ子のペアは、地区優勝し、８月に県大会に出場した。大会当日、母親は看護師さんが付き添い、車いすで応援に来た。「どうしても娘の応援をしたい」と主治医に頼んだそうだ。

　そして、母親はＡ子の活躍を見届けた後、少し元気な姿を見せていたが、年が明けて亡くなった。

　Ａ子はこれからどういう道を歩んでいくのだろう。Ａ子と同じ体験をしたら、自分はどのようにしただろう。中学３年生でありながらＡ子は自分にない経験をすでにしている。

　生徒は成長過程にある不完全な人間である。そして、教師もまた不完全な人間である。生徒を不完全な縦糸とすると教師は不完全な横糸である。道徳の授業では、そんな不完全な縦糸と横糸で一枚の布を織っていく。決してきれいな布にはならない。しかし、その布には、生徒と教師が一緒になって追究した結果が織り込まれている。……そんな道徳の授業が好きである。

前田　治

目 次

ntents

道徳科の幕開け

いよいよ、道徳科の幕開けです。
それに向けて教職を目指す学生や経験の浅い教師が、
この書を参考に「児童生徒の心が震える授業」ができるようになることを願います。

2015（平成27）年3月27日、「特別の教科である道徳（道徳科）」の設置について、学習指導要領の一部改正が告示されました。「道徳の教科化」です。そして、その一部改正学習指導要領「特別の教科　道徳」は、移行期間を経て、小学校では2018（平成30）年から、中学校では2019（平成31）年から施行となりました。

　さらに、2017（平成29）年3月31日に新学習指導要領が公示され、その新学習指導要領は小学校では2020（令和2）年、中学校では2021（令和3）年に施行されます。

　その一部改正（2015年）と新学習指導要領（2017年）の関係について、文部科学省「28文科初第1828号」の「学習指導要領の全部を改正する告示等の公示」には「一部改正の内容と変更がない」と記されています。以下に、通知にある改正の概要「（6）道徳教育の充実について」の一部を掲載します。

　2015（平成27）年の一部改正の内容は、道徳の時間を教育課程上、特別の教科である道徳（以下「道徳科」という）として新たに位置付け、発達の段階に応じ、答えが一つではない課題を一人ひとりの児童生徒が道徳的な問題と捉え向き合う「考える道徳」、「議論する道徳」へと転換を図るものであること。

　道徳科の内容項目について、いじめ問題への対応の充実や発達の段階をより一層踏まえた体系的なものに見直すとともに、問題解決的な学習や体験的な学習などを取り入れ、指導方法の工夫を行うことについて示したこと。

　道徳科における学習状況および道徳性に係る成長の様子を継続的に把握し、指導の改善に生かすこと。ただし、数値による評価は行わないこと。具体的には、（中略）「道徳科の学習評価および指導要録の改善通知」においてお知らせしたとおり、他の児童生徒との比較ではなく、児童生徒がいかに成長したかを積極的に受け止めて認め、励ます個人内評価として記述により行うこと。

以下に、「特別の教科　道徳」（以下道徳科と記す）のキーワードを抜き出します。

考える道徳、議論する道徳への転換
いじめ問題への対応
問題解決的な学習や体験的な学習などを取り入れる
数値による評価は行わない

　本書は、道徳について理解を深めてもらうために、簡単な図や写真に解説を入れたものです。最初に、道徳とは何かについて触れたのちに、キーワードを中心に道徳の授業にとって大切なことについて述べていきます。

1

教育は三輪車

✒ とてもざっくりとした問いです。

教育とは何ですか。あなたがイメージすることを書きましょう。

 「教育とは」と問うと「知・徳・体」という言葉が返ってきます。これは、要するに「知育・徳育・体育」をバランスよく育成することが教育にとって重要であることを端的に表現したものです。

✒ それを三輪車にたとえてみます。「知・徳・体」は輪の部分です。この輪の一つが止まってしまうと、三輪車は前に進めません。ところで、三輪車にたとえるとすると、あなたは、どれを前輪にしますか？　理由も書きましょう。

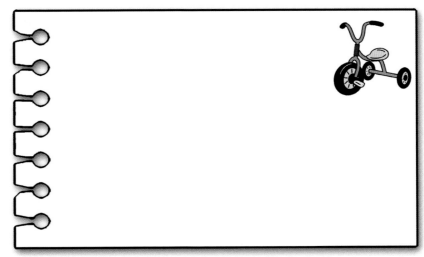

2

知・徳・体の「徳」

知・徳・体 の「徳」とは？

　三輪車の前輪を「知」と言う教師もいるでしょう。いやいや健康な身体があってこそだから、「体」と言う教師もいるでしょう。また、どれも大切だから三輪車にたとえるのはおかしいという意見もあるかもしれません。

　いずれも、教師それぞれの教育観に基づいて考えていけばよいのですが、私は「徳」にしたいと考えます。

　その理由は、前輪にはハンドルがあります。そのハンドルにつながっている「徳」がどちらを向くかによって、善の方向にも悪の方向にもなります。たとえば、「知」を悪用することもできてしまいます。それを防ぐのは、自己の中にある「徳」だと思うからです。

> ## 知と体は「徳」が引っ張るというイメージ

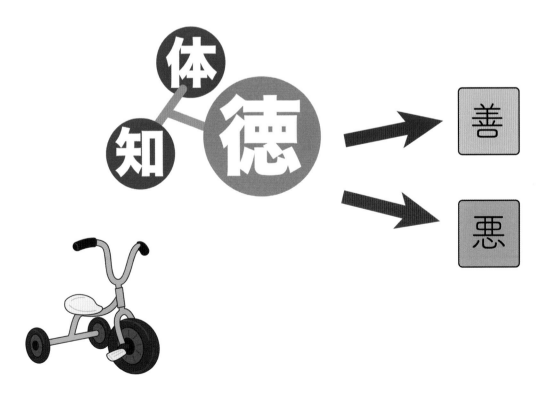

3

道徳とは

教育は こどもの成長を願う

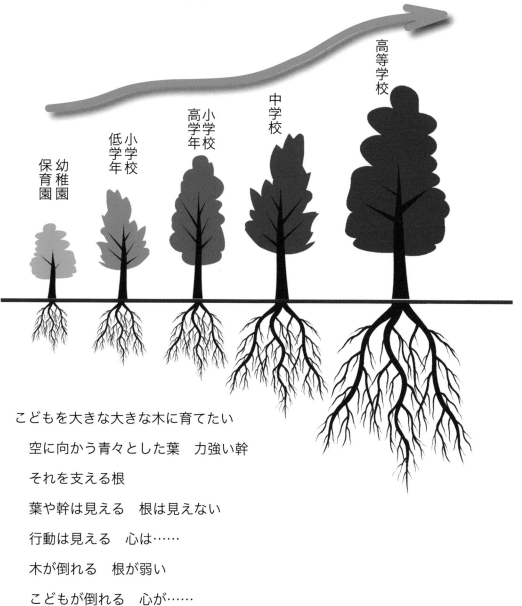

こどもを大きな大きな木に育てたい

　　空に向かう青々とした葉　力強い幹

　　それを支える根

　　葉や幹は見える　根は見えない

　　行動は見える　心は……

　　木が倒れる　根が弱い

　　こどもが倒れる　心が……

こどもを大きな大きな木に育てたい

　　心を強く　根を強く

　　こどもの育ち　木の育ち

　　　　　　　　　　見えない心を見る　強くする……

　　　　　　　　それは教師の使命、道徳は簡単じゃない

✏️ あなたが、「道徳」と聞いて、連想するものを書きましょう。

花には水を
人には愛を

花に水を与えないと枯れるだろ
花に水を与えすぎても枯れるだろ
人はどうだ……

（孟延）

4

道徳教育の要
かなめ

あなたは、野球を見ますか？　よい捕手がいるチームは強いと言われます。中日ドラゴンズを代表する歴代捕手では中村武志選手・谷繁元信選手などでしょうか。

ではなぜそう言われるかというと、捕手は、投手のよさを最大限に引き出すサインを出し、守備位置を指示し、ゲームをコントロールし、勝利の基盤を創り上げていくからです。このように、野球の守備の要は捕手です。

では、道徳教育の要は……？

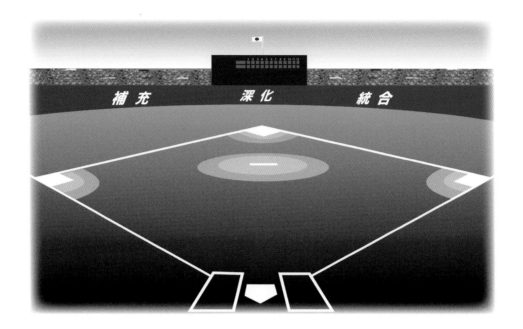

道徳教育は各教科・外国語活動・総合的な学習の時間・特別活動……あらゆる教育活動を通じて行います。その要が道徳の授業です。

学習指導要領解説「特別の教科 道徳編」（2017 年 6 月）には、次のように記載されています。

　道徳科は、各活動（あらゆる教育活動）における道徳教育の要として、それらを補ったり、深めたり、相互の関連を考えて発展させたり統合させたりする役割を果たす。いわば、扇の要のように道徳教育の要所を押さえて中心で留めるような役割をもつと言える。

5 道徳科の目標

道徳科の目標をあえて一言で言うと、「道徳性を養う」になります。道徳性とは、児童生徒のよさを引き出し、よりよく生きるための基盤となるものです（後で詳しく述べます）。

　では、小学校学習指導要領（2017 年告示）には、どのように書いてあるのでしょう。

道徳教育の目標

自己の生き方を考え、主体的な判断の下に行動し、自立した人間として他者と共によりよく生きる基盤となる道徳性を養うことを目標とする。

道徳科の目標

よりよく生きるための基盤となる道徳性を養うため、道徳的価値についての理解を基に、自己を見つめ、物事を多面的・多角的に考え、自己の生き方についての考えを深める学習を通して、道徳的な判断力、心情、実践意欲と態度を育てる。

※中学校の学習指導要領では、下線部は「物事を広い視野から」「人間の生き方」と表記されている（下線は筆者による）。

従来の「道徳の時間」の表現と比較すると、以下のようになります。

　　　「道徳性」＝「道徳的実践力」
　　　「自己の生き方についての考えを深める」＝「価値の自覚」

「道徳的価値の自覚」という表現が消えましたが、これも道徳教育を深く理解するうえでは、重要な用語です。

6

道徳教育と
他の教科との関連

道徳教育は、道徳科を要として学校教育活動全体を通じて行います。では、道徳と他の教科はどのように関連があるのでしょう。その意味を体育の授業を例に、図にします。

　体育の授業です。
　Ａ子さんは、跳び箱が不得意。
　跳ぶ前のＡ子さんの心の中を見てみましょう。

 Ａ子さんの、どんな心が見えてきましたか？

でも、Ａ子さんは、跳び箱に向かって走り出しました。Ａ子さんの心の中には、どんな気持ちが湧き起こったのでしょう。

　その後、Ａ子さんは、さらに跳べるように練習を重ねました。ここには、どのような道徳的価値が含まれているでしょう。

✒ 跳び箱に向かって走り出したＡ子さんに、どんな気持ちが湧き起こったでしょうか？

✒ ここには、どのような道徳的価値があるでしょうか？

「跳び箱を跳ぶ」という体育の授業ですが、跳ぶ・跳べないは技術（技能）の問題です。しかし、その根底に心の問題が内在します。

　この体育の授業を道徳科の内容項目で表すと「希望と勇気、努力と強い意志」でしょうか……。

体育の授業と道徳教育にはどんな関連があるの？

✒ 他の教科との関連について、考えてみましょう。

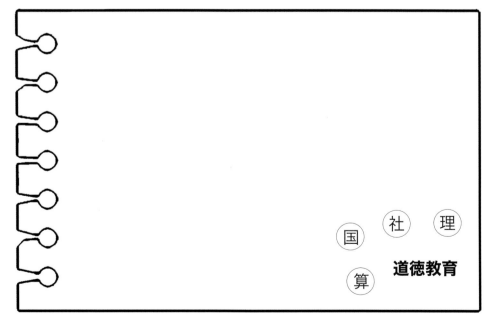

国　社　理

算　道徳教育

7 道徳科の学習活動

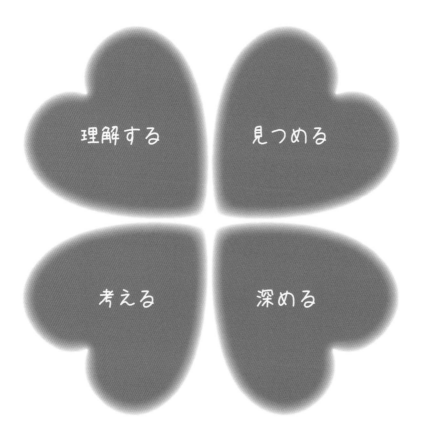

理解する

見つめる

考える

深める

道徳科の学習活動はどのように進むのでしょう。前述「道徳科」の目標には、教科化に伴い、学習活動が具体的に提示されています。

　道徳科の目標では、「理解する」➡「自己を見つめる」➡「多面的・多角的に考える」➡「自己の考えを深める」というように、学習活動を進めていくことが想定されています。道徳の学習では、子どもたちが道徳的価値の意義や大切さを理解し、それを自分の経験と照らし合わせて見つめていきます。そして、それを学級の仲間と多面的多角的に考え、もう一度自己の生き方についての考えを深めていきます。

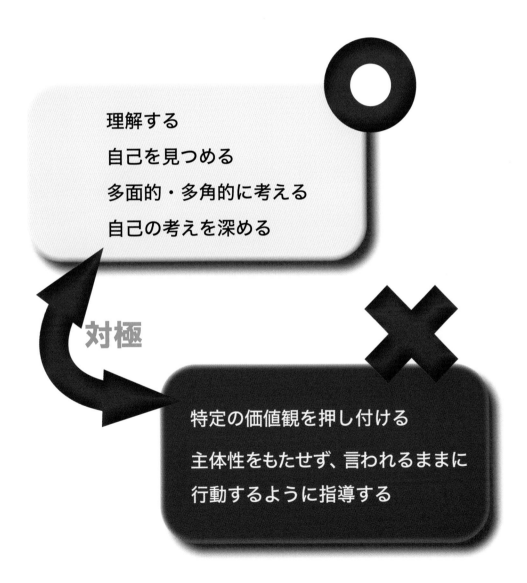

理解する
自己を見つめる
多面的・多角的に考える
自己の考えを深める

対極

特定の価値観を押し付ける
主体性をもたせず、言われるままに
行動するように指導する

道徳の授業を進めていくうえで、教師の姿勢として重要なことが、中学校学習指導要領解説　特別の教科 道徳編（2017年7月）に記述してあります。

　　道徳科の授業では、特定の価値観を生徒に押し付けたり、主体性をもたずに言われるままに行動するよう指導したりすることは、道徳教育の目指す方向の対極にあるものと言わなければならない。

　道徳が教科になったということから、「教科だから、教え込む必要もある」と勘違いしないようにしなければなりません。

✒ どんな道徳の授業を受けてきたか、思い出してみましょう。

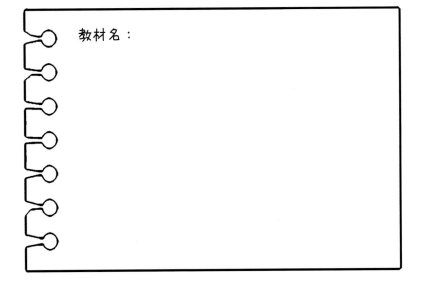

✒ 印象に残っている道徳の授業を思い出してみましょう。

教材名：

8

道徳性とは

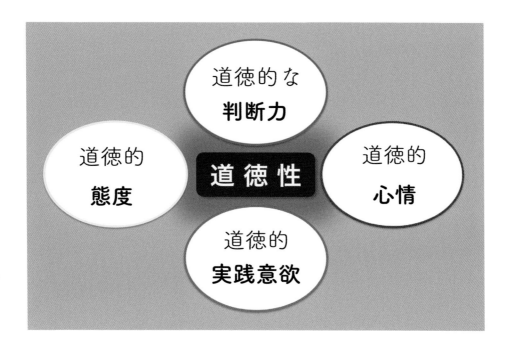

　2017（平成29）年告示の小中学校学習指導要領総則には、道徳性とは「自己の
生き方（人間としての生き方）を考え、主体的な判断の下に行動し、自立した人間
として他者と共によりよく生きるための基盤となるもの」とあります。

　この「道徳性の配列」ですが、2011（平成23）年に起きた「いじめ事件」をきっ
かけに、教科化に舵をきるとともに、それを受けた2015（平成27）年学習指導要
領一部改正では、道徳性の配列を変えています。これまで「道徳的心情、道徳的な
判断力、道徳的実践意欲と道徳的態度」の配列だったものを、道徳的な判断力と道
徳的心情とを入れ替え、道徳的な判断力を一番前にもってきて、「道徳的な判断力、
道徳的心情、道徳的実践意欲と道徳的態度」の順にしています。

道徳的な判断力、道徳的心情、道徳的実践意欲、道徳的態度とはどのようなものでしょうか。これらの言葉をできる限り子どもの姿に近づけてみましょう。

（1）道徳的な判断力とは

　善悪を判断する基となる考えです。「なぜこの行為は善いのか」「なぜこの行為は悪いのか」…ここでは、どうして、そのような判断を下したのか、その基準を道徳の授業で吟味します。

　たとえば、「暑い中、テニスの練習をふざけてやっている。そこに顧問の姿が見えた。部員の行動がぱっと変わる」――このときの判断は、「あっ、叱られる」という判断です。しかし実際の大会は暑い中でも実施されます。だから、ふざけることはやめておこうという判断もあります。このように、判断する基となる道徳的な判断力の考えは一人ひとりさまざまです。

　そして、この場合どちらがよりよい判断か、学級のみんなで考え、議論します。ただし、この道徳的な判断力は、年齢とともに変わります。

（2）道徳的心情とは

　善いことをしたら「よかったなぁ」悪いことをしたら「しまった、悪いことしちゃったな」と思う心の動きです。または、友達の喜びや悲しみを親身になって受け止め、「よかったね」「悲しかったね」と思う気持ちのことです。これは、道徳的な判断力等と密接につながっています。

　ここでは、ある行為に対して「どんな気持ちでやったのですか？」などの発問になります。

（3）道徳的実践意欲とは

「これは、こうしよう」「これは、やめておこう」──悪を避け、善い事をしよう
という意志の強さです。
　ここでは、「やりぬこう」「弱気と闘おう」などの意欲をもたせることが重要です。

よし、明日からは
こうしていこう！

（4）道徳的態度とは

　三省堂『大辞林』で「態度」をひもとくと、「①ある物事に対した時の、人のようす。
動作・表情などの外面に表れたふるまい。②ある物事に対応する身構え。応対。出方。
③そぶり。挙動」とあります。
　道徳でいう態度とは、上記の②における身構えのことです。身構えは何かに向か
う姿勢です。道徳的実践意欲と似てい
ます。区別して考えなくてもよいかも
しれません。

　道徳的な判断力・道徳的心情・道徳
的実践意欲・道徳的態度（以前はこ
れらを道徳的実践力とまとめていまし
た）が絡み合い、その現れとして表面
に出てくるのが行動（道徳的実践）です。

位置について
よ〜い

9 内容項目４つの視点

道徳的諸価値を具体的に表現したものが内容項目になります。先にも述べました
が、2008（平成20）年の学習指導要領告示と比べると2015（平成27）年の一部
改正では、道徳性の配列が変わっています。内容項目においても1〜4の表記がA
〜D（以下参照）になり、配列も3がDに、4がCに変わっています。

	2008年告示		2015年告示
1	主として自分自身に関すること	A	主として自分自身に関すること
2	主として他の人とのかかわりに関すること	B	主として人との関わりに関すること
3	主として自然や崇高なものとのかかわりに関すること（Dに変更）	C	主として集団や社会との関わりに関すること
4	主として集団や社会とのかかわりに関すること（Cに変更）	D	主として生命や自然、崇高なものとの関わりに関すること

このように変更された理由が、「児童にとっての対象の広がりに即して整理した」
と、2017（平成29）年「小学校学習指導要領解説　特別の教科　道徳編」に書かれ
ています。そのイメージ図です。

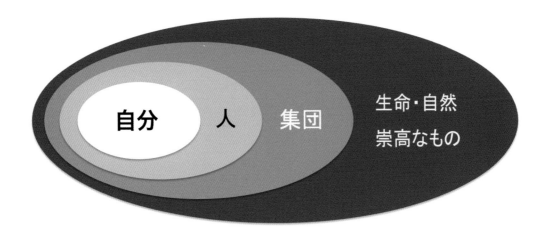

さて、内容項目Aのトップにどの道徳的価値が配列されているでしょう。2008年
では主に「基本的生活習慣、節度、節制」が1－(1)として配置されていました。
　しかし、2015年からは、「善悪の判断、自律、自由と責任」がA−1に配置され
ています。このことからも、2011（平成23）年に起きた「いじめ事件」が改訂のきっ
かけになっていることが想像できます。

「特別の教科 道徳（道徳科）」の内容項目の一覧（キーワード）を見てみましょう。

小学校	中学校
A　主として自分自身に関すること	
善悪の判断、自律、自由と責任	自主、自律、自由と責任
正直、誠実	
節度、節制	節度、節制
個性の伸長	向上心、個性の伸長
希望と勇気、努力と強い意志	希望と勇気、克己と強い意志
真理の探究（5・6年生のみ）	真理の探究、創造
B　主として人との関わりに関すること	
親切、思いやり	思いやり、感謝
感謝	
礼儀	礼儀
友情、信頼	友情、信頼
相互理解、寛容（3・4・5・6年生のみ）	相互理解、寛容
C　主として集団や社会との関わりに関すること	
規則の尊重	遵法精神、公徳心
公正、公平、社会正義	公正、公平、社会正義
勤労、公共の精神	社会参画、公共の精神
	勤労
家族愛、家庭生活の充実	家族愛、家庭生活の充実
よりよい学校生活、集団生活の充実	よりよい学校生活、集団生活の充実
伝統や文化の尊重、国や郷土を愛する態度	郷土の伝統と文化の尊重、郷土を愛する態度
	我が国の伝統と文化の尊重、国を愛する態度
国際理解、国際親善	国際理解、国際貢献
D　主として生命や自然、崇高なものとの関わりに関すること	
生命の尊さ	生命の尊さ
自然愛護	自然愛護
感動、畏敬の念	感動、畏敬の念
よりよく生きる喜び（5・6年生のみ）	よりよく生きる喜び

 あなたにとって、思いやりとは何ですか?

思いやり……

10

複雑に絡み合っている内容項目

一つの読み物などの教材にはさまざまな内容項目が含まれています。たとえばＢの「友情、信頼」の授業を行う場合でも、Ｂの「親切、思いやり」等が絡みます。Ａの「正直、誠実」等も関連してきます。

　このように内容項目は複雑に絡み合っています。よって、同じ教材でも取り上げる箇所によって内容項目も変わってきます。

　当然、教師はある内容項目をねらいと決め、授業に臨みます。しかし、柔らかい発想をする子どもたちの捉え方はさまざまで、一人ひとりこだわる箇所も違います。よって、子どもたちの発言にはさまざまな内容項目が反映されてきます。

　そのため、教師の意図通りに授業が展開しない場合も出てきます。道徳の授業の難しさは、ここにもあります。

　さて、ねらいと違った方向に授業が進んだ場合、あなたが先生ならどうしますか。ねらいに戻しますか。それともねらいを変えていきますか。

　筆者なら「そうか、みんなはこれが話し合いたいんだな。よし分かった」と、子どもたちに任せていきたいと思います。

　ただ、なぜねらいから逸れていったのかは、授業後に省察します。

「風に立つライオン」という歌があります。この歌は、ケニアの長崎大学熱帯医学研究所に赴任し、国際医療ボランティア活動に身を投じた医師柴田紘一郎先生（実在）をモデルに、歌手さだまさしさんが、作詞作曲をして歌っています。

この「風に立つライオン」は、本や映画にもなりました。中学校の道徳教材（『あすを生きる③』日本文教出版、2019年）にもなっています。

この教材の内容は、次の通りです。

主人公がアフリカへの医療活動のために、日本に残してきたかつての恋人からの手紙を読むところから始まります。赴任した後は大自然や診療所に来る人々との関わりを通して、自分の生き方を見つめていきます。そして自分の意志を貫きアフリカへ旅立った選択が正しかったことを確認し、彼女の幸せを心から願います。

「風に立つライオン」には、左の表のような内容項目が含まれています。

この教材を読み、子どもたちはさまざまなことを感じ取ります。そして、子どもたち一人ひとり心に響くところも違います。

よって、この教材を1つの内容項目にしぼって授業を行うことが本当によいかについて検討が必要です。

この教材はほかにも、取り上げ方によっては、

　A「自主、自律、自由と責任」
　C「国を愛する態度」
にもなります。

「風に立つライオン」と　　内容項目（キーワード）

A　向上心、個性の伸長
A　希望と勇気、克己と強い意志
A　真理の探究、創造

B　思いやり、感謝
B　相互理解、寛容

C　勤労
C　国際理解、国際貢献

D　生命の尊さ
D　自然愛護
D　感動、畏敬の念
D　よりよく生きる喜び

進んで
できる子

話し方名人
・目を見て
・口を大きくあけて
・大きな声で

11
発達段階と道徳

道徳の内容項目は、小学校低学年から中学年、高学年、中学校と繰り返し登場します。たとえば、内容項目Cの「家族愛、家庭生活の充実」の記述を見てみましょう。以下のようになっています。

C　「家族愛、家庭生活の充実」	
小・低学年	・父母、祖父母を敬愛し、 　進んで家の手伝いなどをして、家族の役に立つこと
小・中学年	・父母、祖父母を敬愛し、 　家族みんなで協力し合って、楽しい家庭をつくること
小・高学年	・父母、祖父母を敬愛し、 　家族の幸せを求めて、進んで役に立つことをすること
中学校	・父母、祖父母を敬愛し、 　家族の一員としての自覚をもって、充実した家庭生活を 　築くこと

発達段階に応じた発展性

　このように内容項目には、子どもの発達段階に応じて発展性をもたせてあります。授業は、そのことを念頭につくる必要があります。そこで、学習指導要領の解説をよく読むことが、発達段階に応じた授業を行う方法の一つです。

もう一つの方法として、文部科学省が発行した2002（平成14）年度から使用されている「心のノート」や、2014（平成26）年度から使用されている「わたしたちの道徳」の家族愛に関する記述を見ることも効果的です。子どもの発達段階によって、「どの程度までねらうとよいのか」参考になります。以下に、その一部を紹介します。

小学校低学年の心のノート
　あなたのことをせかい中で一番大じに思っていてくれるんだね。

小学校中学年の心のノート
　いつもわたしのそばにいて、わたしを温かく見守ってくれる人……。そう、それが家族。健康でりっぱな人になるようにと、自分のことのように願い続けてくれている。

小学校高学年の心のノート
　ときには、うるさいなあ、と感じる家族の存在、でもこれからもかけがえのない自分の居場所であり続ける家庭。大切な家族とのきずなをより強いものにし、家族みんながもっと幸せになるようにあなたにできることがきっとあるはず。

中学校の心のノート
　他人だったら、そんなことはないのに、家族ゆえに家族だからこそ、思いがあり、願いがあり、愛があるから　そこに「ゆがみ」が生じる。他人だったら、絶対にそんなことないのに……。

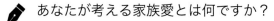 あなたが考える家族愛とは何ですか？

12

多面的と多角的、
違いが分からない

2017（平成29）年告示の小学校学習指導要領の道徳科の目標には、「物事を多面的・多角的に考え」という文言が新たに入りました。多面的・多角的に考えるとはどういうことなのでしょう。多面的と多角的の違いがよく分かりません。

　三省堂『大辞林』には、多面的とは「多くの面にわたるさま」とあります。そして、反対語として「一面的」、引用として「多面的な活動」とあります。
　一方、多角的とは「多くの方面にわたっているさま」とあります。引用として「多角的な経営」とあります。反対語としては「一方的」でしょうか。
　この違いをどうのように解釈したらよいのでしょうか。学習指導要領には、「多面的・多角的」というように「・」（中黒）で2つの言葉が併記さています。「・」の表記は、即かず離れず（不即不離）の関係を表します。よって、多面的と多角的は分けて考えるのではなく一体のものとして捉えるのがよいと思います。

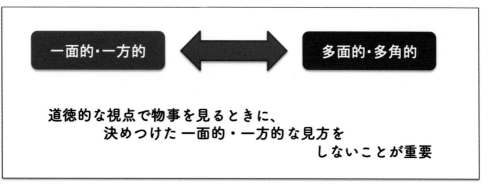

　どうしても分けたい場合は、それぞれを個人的に定義して使うことです。そこで、独自に定義した多面的と多角的について具体例を挙げて、図で示してみます。
　女の子が、いじめられて泣いています。従来型の授業では、「登場人物（主人公）はどんな気持ちでしょう？」と主人公を中心に追う授業がよく行われていました。それがいけないというわけではありません。

　では、女の子Aさんがいじめられている状況について、「多面的に考える」「多角的に考える」その違いを、次のページで例示します。

A　多面的に考えるとは・・・

　Aさんがいじめられているという道徳的な問題場面について、さまざまな立場から考えていきます。この場合、他者を理解することにつながっていきます。

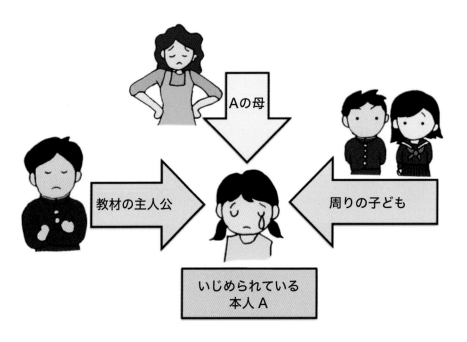

【例】　いじめられているAさん

　そのことに対して⇒
　　① 主人公は何を考えているでしょう？
　　② Aさんの母親は何を考えているでしょう？
　　③ 周りの子は何を考えているでしょう？
　　④ いじめている子は何を考えているでしょう？

B　多角的に考えるとは・・・

　いじめられているという道徳的な問題場面について、自分がとりうる行為をさまざまな角度から考えていきます。

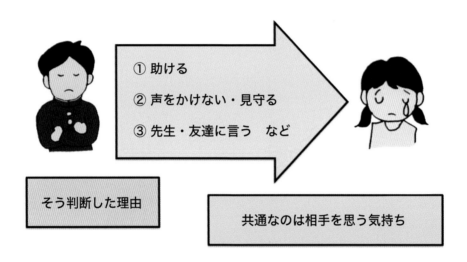

① 助ける
② 声をかけない・見守る
③ 先生・友達に言う　など

そう判断した理由

共通なのは相手を思う気持ち

【例】　　いじめられているＡさん

そのことに対して⇒
　● 主人公はどんな関わりができるでしょう？

　授業は、心情を考えさせる従来の授業に加え、Ａの「多面的」とＢの「多角的」を組み合わせながら展開できるとよいと思います。

13
考え、議論するとは

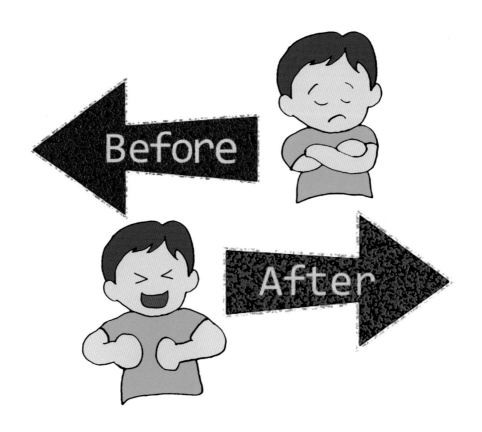

子どもたちは、授業で学ぶ道徳的価値について、これまでの経験からある程度自分自身の価値観をもち理解しています（既存の価値理解）。

　たとえば「嘘をついてはいけない」は、おおよそ幼いころから理解しています。それを前提に道徳の授業では、教材を通し学級で多面的・多角的に考え、議論することによって、その道徳的価値について新たな価値観と出会わせ、自分のこれまでの価値観を再構築（新たな価値理解）させます。

　そのことをテレビのリフォーム番組で行っている Before・After で図示します。

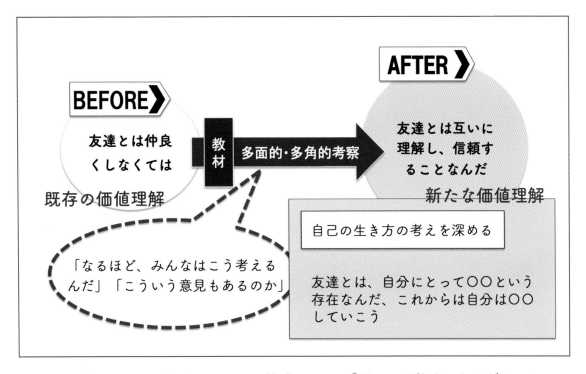

　この授業を、問題解決的に発問を構成すると、「互いに理解するとはどういうこと？」「友達を信頼するとはどういうこと？」というような発問になります。

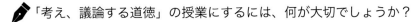 「考え、議論する道徳」の授業にするには、何が大切でしょうか？

14

主体的・対話的で深い学び
にするとは

2017（平成29）年3月の小学校学習指導要領「第1章 総則 第3 教育課程の実施と学習評価」の1に明示された「主体的・対話的で深い学び（いわゆるアクティブラーニング）」について、子どもの思考の流れを基に道徳の授業で考えてみます。すると以下のような図になります。

思考の流れ

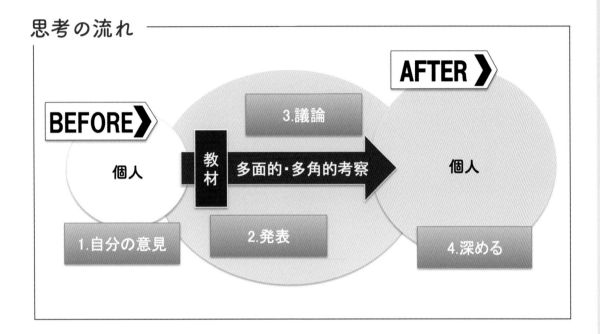

　上図の数字、1〜4 を説明すると、以下のようになります。

1．自ら考え、自分の考えをもつ**（主体的）**
2．自分の意見を発表する**（主体的）**
3．級友の意見を聴き、共に考え、議論する**（対話的）**
4．級友との議論を参考にしつつ、自分の考えを深める**（深い学び）**

　※ 深い学びとは、つまり既存の価値理解の深まりをいいます。
　　そのためには、精選された発問が用意されなければなりません。

　もともと「道徳の時間」であっても、「道徳科」であっても、道徳の授業は、主体的・対話的であるべきものです。また、道徳の授業において「考え、議論する」ことは、従来から行ってきたことで、決して新しいことではありません。

15

問題解決的に
学習するとは

道徳が特別の教科に改訂されたポイントの一つは、問題解決的学習という言葉が、より明示されたことです。2017（平成29）年告示、小学校学習指導要領「第3章 特別の教科 道徳の指導計画の作成と内容の取扱い」の2には、次のように示されています。

　　　児童の発達の段階や特性等を考慮し、指導のねらいに即して、問題解決的な学習、道徳的行為に関する体験的な学習を適切に取り入れるなど、指導方法を工夫すること……

　道徳の授業を子どもが主体的に学び、「考え、議論する」ものにするためには、答えが一つではない問題解決的な学習が効果的です。では、道徳の授業において「問題解決的な学習をする」とはどういうことでしょう。

　そもそも問題解決（的）学習とは、社会科を中心に用いられる言葉です。社会科の成立時に、問題解決（的）学習は、系統学習と比較され議論が重ねられてきました。
　系統学習は、系統だてて編成された内容を順に学習していきます。よく、教師主導・知識偏重と言われます。
　一方、問題解決（的）学習は、青少年が抱える現実的な生活問題を中心に、どのように解決していくべきかを学習していきます。一般的に、経験主義とも言われ、子どもを主体とする学習です。
　社会科における問題解決学習では、「①問題把握 ➡ ②調べる ➡ ③発表する ➡ ④話し合う ➡ ⑤まとめる ➡ ⑥新たな問題が生まれる」というように学習が流れます。

議論！

答えはひとつではない！

問題解決的学習

これを道徳の授業に当てはめてみると、次の図のようになります。

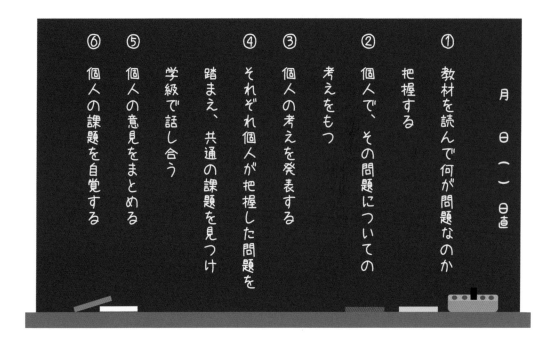

月　日（　）日直

① 教材を読んで何が問題なのか
　把握する

② 個人で、その問題についての
　考えをもつ

③ 個人の考えを発表する

④ それぞれ個人が把握した問題を
　踏まえ、共通の課題を見つけ
　学級で話し合う

⑤ 個人の意見をまとめる

⑥ 個人の課題を自覚する

　当然この①〜⑥の流れは「14. 主体的・対話的で深い学びにするとは」で述べたことと重なってきます。

　まずは、ここでいう「問題」です。これは、道徳の授業なので当然、道徳的問題となります。つまり、道徳的諸価値（内容項目）に対する問題です。

　たとえば、ある子が、次のような問題（内容項目Ａ「善悪の判断」）を抱えていたとします。

> 自分は、善悪を判断することの大切さは分かっている。
> しかし、なぜ自分は、よりよい判断ができないのだろう。

　問題解決的な学習とは、それについて教材を通して、学級で話し合いを行い、友達の力を借りつつ解決していくというイメージです。
　そして、「自分の判断を邪魔しているものは何だろう。友達の誘惑だろうか。それとも自分が弱いからだろうか」等、自分を見つめていきます。

　指導については、次のように記述されています（2017年「中学校学習指導要領解説 特別の教科 道徳編」より）。

　　教材から読み取れる価値観を一方的に教え込んだり、登場人物の心情理解に偏ったりした授業展開とならないようにするとともに、**問題解決的な学習**を積極的に導入することが求められる。

16

読み物教材のタイプ

（1）読み物教材と子どもとの距離

読み物教材には、さまざまなものがあります。教材と子どもとの距離関係を大まかに分類すると、以下のA〜Cになります。なお、子どもと教材の間隔が広いほど、子どもの生活経験から離れた教材ということを示しています。

　　　教材A　これまでに経験したことがないこと
　　　教材B　子どもの生活実態に近く、身近に起きていそうなこと
　　　教材C　直前に起きたこと（生徒指導的）

※ 体験がありません。よって、背景が理解できません。そこで、あらすじの確認などで、国語が苦手な子どもにも分かりやすく、教材の歴史的背景などを簡潔に伝えて、この距離を埋めることが必要です。そうしないと、子どもたちを話し合いの土俵に乗せることができません。　　（一般的に小学校高学年、中学校向けです）

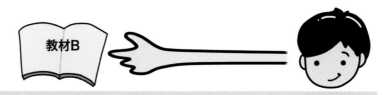

※ 子どもの生活実態に近く、少し補足するだけで状況がつかめます。よって、考えやすくなります。　　　　　　　　　　（一般的に小学校低学年・中学年向けです）

※ 身近すぎることによって、説教じみた内容になり、どうしても生徒指導的になります。子どもの心に浸透していかない可能性があります。高学年になると悪いことを指摘された気分になり、道徳嫌いにつながりかねません。

（2）教材Aタイプ（子どもの経験と教材が遠いタイプ）

「青の洞門」

（D 感動、畏敬の念 『小6 道徳 生きる力』日本文教出版、2018 年）

<内容>

　　殺しの罪を犯し改心して僧となった侍の了海。修行の旅の途中、年に 10 人もの人が命を落とすという「鎖渡し」に偶然さしかかります。了海は、この難所に道（トンネル）を通し、人々の命を救うことを決心します。300 ｍにわたる大絶壁をくりぬくという困難な作業です。

　　途中、了海が殺した主人の息子、実之助が敵討ち(かたきうち)に来ます。しかし、実之助は敵討ちを、岩を掘ることが完成するまで待つことにします。

　　そして、大事業の完成を早めるために、実之助も了海と並んで一緒に掘り進めることにします。

　　21 年目、ついに穴がくりぬかれました。約束通り敵として切られようとする了海でしたが、実之助は殺すことができませんでした。2 人はすべてを忘れて、感激の涙にむせび合います。

　原作は菊池寛の『恩讐の彼方に』です。この教材は、子どもの生活経験とはかけ離れています。そこで、時代背景や敵討ちの意味を十分に理解させることに時間をかける必要があります。

　教材Aタイプは、小学校高学年、中学校向けになります。子どもの経験から遠い教材なので、その読み物に描かれている当時の様子を理解させたうえで、授業に臨みます。

（3）教材Ｂタイプ（子どもの生活実態に近いタイプ）

「まどガラスと魚」

（Ａ正直、誠実　『小3 道徳 生きる力』日本文教出版、2018 年）

＜内容＞

　　圭祐と進一郎が遊んでいて窓ガラスを割ってしまいます。2人は謝らずに逃げてしまいます。進一郎は「ガラスをわったのはだれだ！」と書いた紙が窓に貼ってあるのを見つけ、下校時にも遠回りをして窓の 様子を見に行きます。

　　その夜、夕飯のおかずの魚を猫に取られてしまいますが、その猫の飼い主の山田さんのお姉さんは、謝罪のために進一郎の家にやってきます。

　　進一郎はガラスを割ったことを母に告げ、謝りに行きます。素直に謝る進一郎を、おじさんは許してくれます。

　　この教材は、子どもの生活経験の中でありがちで、想像しやすい内容です。よって、時間をかけずに簡単にあらすじを場面絵などで示すだけでよい教材です。

　　教材Ｂタイプは、小学校低学年・中学年向けになります。生活実態に近い教材なので、登場人物に自己投影させながら授業を展開することができます。

（４）教材Cタイプ（子どもの経験をそのまま教材にするタイプ）

　教材Cタイプは、学級で、実際に起こった問題などを話し合います。たとえば、筆箱が隠されたといった問題です。これを基に自作資料などを作って道徳の授業を行うこともあります。しかし、この場合、学級の中に隠した子どもがいることも想定されます。道徳の授業が犯人捜しや懺悔の時間のようになってしまっては、道徳の目標から外れかねないので、十分に吟味することが必要です。

　教材Cタイプは、直前に起きた学級の問題を取り上げます。一般的に自作資料となります。教材Cタイプは、学級活動で指導する内容に近くなり、道徳教育の特質から考えて、扱いに注意が必要です。

17

読み物教材の内容構成

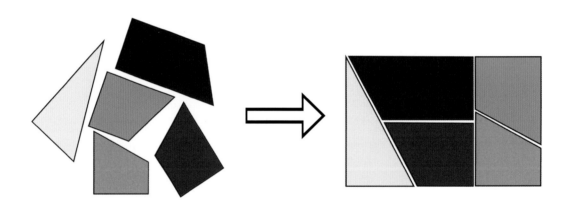

　道徳授業の教材は多種多様です。主たる教材として教科書を使用しなければなりません（「小学校学習指導要領解説　特別の教科 道徳編」2017（平成29）年6月）。しかし、その他に、映像教材・音楽教材・詩・作文・漫画・紙芝居などが考えられます。「主たる」とあるように、主としては教科書を使いますが、学習を進めるにあたり、教材の多様な開発は認められています。

　その中でも一番オーソドックスなのは、詩や作文なども含めた読み物教材です。読み物教材は映像と比べて、子どもたちがより創造力を働かせることができるという利点があります。

　16章では、教材と子どもの距離の視点で述べてきましたが、ここでは、教材の内容構成に焦点を当てて考えます。

　読み物教材の内容構成を分類すると以下の3つの型になります。なお、構成に合わせて、一般的に考えられる中心発問の位置を★印で図示しました。

（１）「低い価値観⇒悩み⇒高い価値観」で構成されている教材

　初めに登場人物（主人公等）の低い価値観の場面が描かれます。次に、あるきっかけにより、登場人物が悩んだり、迷い始めたりする場面が描かれ、最後に高い価値観の場面で終わる内容構成になっている教材です。

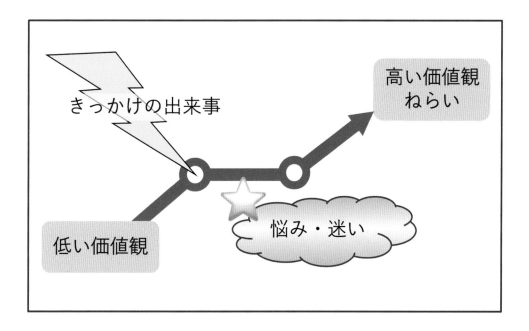

　この教材の中心発問★としては、きっかけにより、主人公が悩み・迷った場面を選ぶのが一般的です。

　教材例として、「のりづけされた詩」（Ａ　正直、誠実　『小５ 道徳 生きる力』日本文教出版、2018 年）を挙げることができます。内容は、以下の通りです。

　学級文集に詩を書くことになった和枝は、何を書こうか考えます。題材は決まったものの、題名と書き出しが浮かばず困ってしまう内容です。そこで、和枝は、家の本棚にあった他人の詩の題名「水平線」と、書き出しの２行をまねして、提出してしまいます。
　そして、その詩を提出した後、帰り道で友達に「いい詩ね」と言われ、悩み始めます。そして、学校に引き返し、先生に話してから、でき上がった文集に、一枚一枚別の詩をのりづけしていきます。

（2）「低い価値観⇒悩み」で構成されている教材

　初めに登場人物（主人公等）の低い価値観の場面が描かれ、あるきっかけにより、登場人物が悩んだり、迷い始めたりする場面で終わってしまう内容構成になっている教材です。

　最近では「主人公は悩んでしまいました」というような終わり方で、主人公が高い価値観に至った場面を記述しない内容構成が増える傾向にあります。そこには、授業を問題解決的にしていこうという意図が見えます。

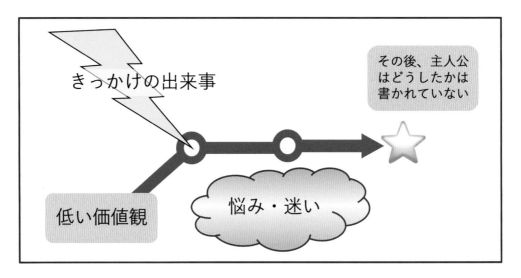

　この教材の中心発問★としては、教材の最後の場面を選ぶのが一般的です。

　教材例として、「ヒキガエルとロバ」（D 生命の尊さ『小4 道徳 生きる力』日本文教出版、2018 年）を挙げることができます。内容は、以下の通りです。

　　　雨上がりの畑道。アドルフとピエールたちが「気持ち悪い」と、1 匹のヒキガエルに石をぶつけて楽しんでいます。そんなヒキガエルは、どろんこ道の車の轍（わだち）へ転がりほっとします。そこに、ロバが荷物を引きながらやってきます。そのまま進むと轍にいるヒキガエルをひいてしまいます。

　　　おもしろがって見つめる少年たち。一歩一歩近づいてきたロバはふとヒキガエルに気付き、歯を食いしばって荷車の向きを変え、ヒキガエルを助けます。

　　　少年たちは、くぼみの中のヒキガエルと遠く去っていくロバを見つめます。

（３）「高い価値観」で構成されている教材

　高い価値観で進んでいく内容構成になっている教材です。偉人伝等がそれにあたります。

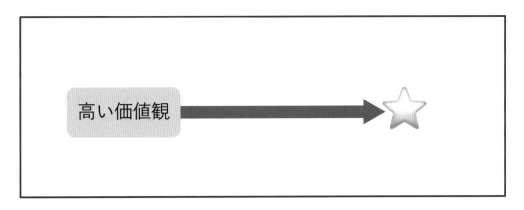

　この教材の中心発問★としては、高学年または中学生なら、教材全体を通して、「登場人物（主人公等）の生き方をどう思うか」と、発問してもよいでしょう。
　また、その生き方の中にある登場人物（主人公等）の苦悩、挫折の場面を取り上げていくのも一つの方法です。

　教材例としては、生命の尊厳、自然の美しさや偉大さ、伝統・文化、多様な生き方が織り込まれた先人の伝記を扱ったものが、挙げられます。
　内容項目でいうと、Ｃ「伝統や文化の尊重、国や郷土を愛する態度」「我が国の伝統と文化の尊重、国を愛する態度（中学校のみ）」「国際理解、国際親善、国際貢献」Ｄ「自然愛護」「感動、畏敬の念」などに、この内容構成が見受けられます。

18

子どもの発言の理解

道徳の授業では、子どもの意見を瞬時に理解して展開していきます。これは、授業技術としては高度な部類に入ると思います。

　また、子どもの表現は未完成です。その表現の奥底にある心を読み取らなければ、道徳の授業は、表面的なものになってしまいます。

　そのために、心内を語り合う道徳の授業では、日頃からの子ども理解が欠かせません。

　ここでは、子どもの発言の理解について考えてみます。

（1）本音と建前

　人には、本音と建前の両面があります。人は、人と関わりをもって生きています。すべて本音で語ったらどうなるでしょう。人間関係はうまくいくでしょうか。

　ある時は、本音を隠して人と協調することも、大切な社会性の一つであると思います。

　しかし、道徳の授業では、本音を引き出し、語り合いたいものです。とは言っても、自分の思っている本音を、ストレートに出すのは難しいことでもあります。

　そんな時に、これまでの道徳の時間で実践されてきた「主人公になり切って」発言する方法はとてもよいと考えます。なぜなら、主人公を語っているようで、実は自分を語っていることになるからです。

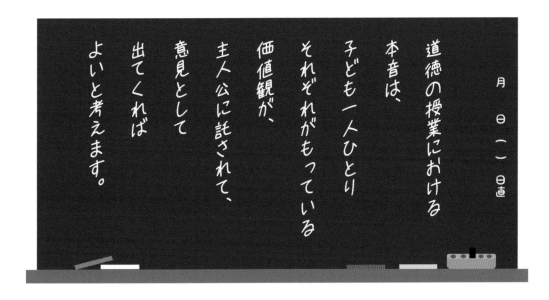

道徳の授業における
本音は、
子ども一人ひとり
それぞれがもっている
価値観が、
主人公に託されて、
意見として
出てくれれば
よいと考えます。

月　日（　）日直

（2）自己投影「〜に変身」

　さて、道徳の授業で、子どもたちにより本音で語らせる方法を「はしの上のおおかみ」（B　親切、思いやり 『小１ 道徳 いきるちから』日本文教出版、2018 年）の教材を例に紹介します。

　教材の内容は、次の通りです。

　　一本橋を渡るオオカミがウサギと出会います。オオカミはウサギに「戻れ、俺が先に渡るんだ」と怖い声で怒鳴ります。オオカミは、この意地悪がとてもおもしろくなり、キツネと出会っても、タヌキと出会っても、「戻れ」と追い返します。

　　ある日、橋の上で、大きなクマと出会ったオオカミはあわてて「私が戻ります」と言います。するとクマは、「こうすればいいのさ」とオオカミを抱き上げ、うしろにおろしてやりました。そんなクマの後ろ姿をオオカミは、いつまでも見送ります。

　　次の日、オオカミは、橋の上でウサギに出会います。あわてて戻ろうとするウサギを優しく呼び止め、オオカミは、ウサギを抱き上げ、うしろにそっとおろしてあげました。オオカミは、なぜか、前よりずっとよい気持ちでした。

＜授業記録より＞ （Ｔ＝教師　Ｓ＝児童）

　Ｔ：さあ、今日の道徳はね、オオカミさん・ウサギさん・キツネさん・タヌキさん・クマさんが出てくるよ。みんなはねオオカミさんになってください。では、みんなで、オオカミさんに…せ〜の。
　Ｓ：**ヘンシーン。**
　Ｔ：どう、みんなオオカミさんになった？
　Ｓ：ウォー、ウォー。
　Ｔ：じゃあ今日は、オオカミさんの気持ちを考えてね。

このように、オオカミになり切って、教材を読んでいきます。無意識のうちに、子どもたちはオオカミに自己投影して（自分を重ねて）いきます。

　となると、子どもたちは、オオカミのことを語っているけれど、実は、自分自身のことを語っていることになります。

　さて、授業中に、意地悪をしがちな子ども（A君）が、「意地悪はいけない」と発言しました。すると、学級の周りの子どもたちが、「でもA君、いつも意地悪するよね」と、ワアワア言い出しました。さて、あなたが先生ならどうしますか。

　そんな時、子ども（A君）の意見は、本音であろうと建前であろうと、その子が発言した事実としてそのまま受け止めるのがよいでしょう。

　そして、「A君、いつも意地悪するよね」という周りの子どもの発言を「今ね、A君、オオカミさんになって発言しているからね」と、制止しましょう。

　このように主人公になり切らせることによって、子どもは本音を語りやすくなります。

19

子どもをより理解　　するために

（1）視野を広げる

　心内を語り合う道徳の授業では、子どもをより理解することが重要です。そのために教師は、子どもを見取るために視野を広げる必要があります。では、視野を広げるとは、どういうことでしょう。

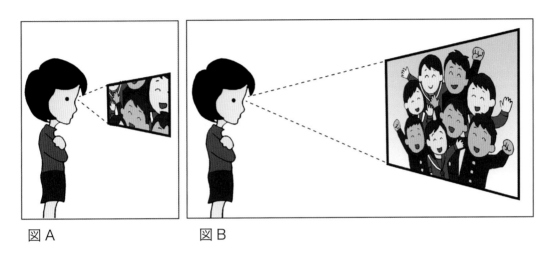

図A　　　　　図B

　物事は近くにあると、全体像が見えません（図A）。
　近すぎると視野は狭いのです。そこで、一歩下がってみましょう。全体が見えてきます（図B）。
　授業中の子どもの発言についても、一歩下がって見てみましょう。ひょっとしたら、違う見え方ができるかもしれません。
　短い発言の中に、その子の環境・育ち・考えが隠れています。一歩下がって視野を広げると、それに気付けるかもしれません。
　授業の合い間の休憩時間に、子どもたちと一緒に遊ぶこともよいのですが、時には、その遊んでいる様子を遠くから眺めてみましょう、新しい発見があるかもしれません。そして、その発見を道徳の授業に生かしましょう。

　　「**教師という仕事を楽しくするためには、**
　　　　子どもたちをよくみること。それも暖かい目で、長い目で…」

　　　　　　　　　　　　　心理学者・元京都大学名誉教授　河合隼雄
　　　　　　　　　　　　　　　（『子どもと学校』岩波新書、1992 年）

（2）子ども理解を生かす

　ある先生が、道徳の教材を２種類持って「少し時間ありますか」と相談にみえました。自分としては相談にのるというより、一緒に考えようという感覚です。

　その相談からいろいろなことが見えてきました。それは、この先生の学級経営です。

　話の中で、気になるある子どもが浮かび上がってきました。子どもＡです。そのＡを何とかしたいという気持ちが、その先生から伝わってきます。そのＡの様子を尋ねました。

　すると先生は、家庭科の授業の中で「お母さんを手伝って楽にさせてあげたい」と発言していることを取り上げました。まだ、新しく５年生を担任して１４日しか経っていないのに、実に子どもをよく捉えています。

　やはり、学級経営の基盤は「子どもをよく捉えること」です。それを道徳に限らず授業に生かしていく、それが本物の教師です。その先生は、家族愛を主題にした教材を選びました。

　よい道徳の授業をする教師は、他の教科でもよい授業をします。それは、よい学級経営がなされているからでしょう。そして、その根底に、「子どもを理解しよう、理解しよう」という姿勢があるからでしょう。

20

指導案に描く子どもの姿

児童観の記述（ある指導案より）

　ある教師が、小学校４年生の道徳の指導案の検討に来ました。

（１）最初に書かれた児童観の記述

> 　この時期の児童は、集団生活に慣れ、集団のルールにしたがって行動するようになっている。しかし、集団の一員としては未熟で、自分に都合のよい考え方に走ったり、ルールに外れた友達を厳しく追及したりする姿が見られる。その一方で「やさしさ」を求め、安定した人間関係を望むようになっている。そのために、自分は何をすればよいのか考えることもできる。より良い集団での生活、つまり良い社会生活を送ることのできる力を育てるために，自分中心の態度で接するのではなく、相手の心を感じ取り、自分のできることをしようとする心情を育てたい。

　最初に持ち込まれた指導案の児童観には、どの子にも言えるような一般論的な児童の様子しか書かれていませんでした。そこで、その先生に「学級の子どもにかける思いを書いたらどう」と提案しました。以下に示すのが書き直された児童観です。

（２）書き直された児童観　Ａ男に思う

> ＜Ａ男に思う＞
> 　Ａ男は、未熟児で生まれ、入学時にはまっすぐに走ることすらできなかった。そのため、ご両親はきめ細やかな指導を望み特別支援学級に入学させた。
> 　一人っ子のＡ男は、ご両親や祖父母の愛情を一身に受け、順調にすくすくと成長した。そして、特別支援学級の先生の薦めもあり、高学年になるのを機会に普通学級へ転入することに決めた。特別支援学級の先生から普通学級へ転入するにあたり、ご両親は「いじめられはしないか」等、相当悩まれたと聞いている。
> 　４月の学級開きをする前に、「Ａ男が楽しいと思えるような学級をつくりたい」と強く思った。
> 　Ａ男は、学校の近くに住んでいて、毎日帰宅後すぐに学校へ遊びに来る。

そして、私と今日あったことを中心に雑談をする。その中でこんな話が出てきた。級友が写真を持って来てとても楽しそうに話しをしていたので、A男が「見せて」と言うと、「A男には、関係ないでしょ」と返事が返ってきたそうだ。この話の最後にA男は、「優しいクラスがいいな」とつぶやいた。胸に突き刺さる言葉だった。

＜クラスの実態＞

　本学級の児童は、真面目な児童が多い。どの児童も親の愛情をたっぷりと受けながら日々の生活を送っている。そのため、学校・学級の規則や教師の言うことをきちんと守ろうとする。

　また、学習に対する向上心も強い。しかし、その気持ちが強いために、A男のように枠からはみ出してしまう児童に対して、厳しく追及したり、冷たい態度をとってしまったりすることも少なくない。

　教師が全面に出てA男をかばおうとすると、表面的にはA男に優しくすることができる。しかし、教師のいない場面では嫌がるA男に無理矢理ノルマだからと「から拭き」の仕事を押しつけることもあった。

・・・(中略)・・・

　しかし、1学期の終わりになり席替えをすると、A男の隣になったB子が、「隣になれてよかったね」と言ったり、お楽しみ会で座る場所が見つからなかったA男に場所を空けてあげたりする場面も見受けられるようになった。

　また、いつも一人で遊んでいたA男に、C男という友達ができつつある。C男には、自閉気味の姉がいる。C男は、そのことで心をいためていて、4月当初「先生、自閉症って知ってる。ぼくの姉が、そうみたいだよ」と言ってきた児童である。家庭訪問時の母親の話によるとC男自身にも軽い障がいのようなものが見られるとのことであった。

　C男もまたその障がいゆえに友達が少ない。最近では、A男の方から声をかけ、理科の観察など楽しそうに2人で話し合いながら進めている姿が見られるようになっている。

・・・(後略)・・・

　書き直された児童観を基に、行われた道徳の授業、温かい雰囲気に包まれたよい授業だったことは言うまでもありません。

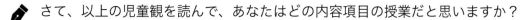 さて、以上の児童観を読んで、あなたはどの内容項目の授業だと思いますか？

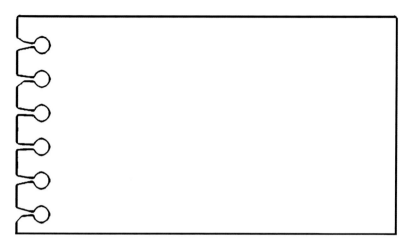

21

道徳の授業の工夫① （机の配置）

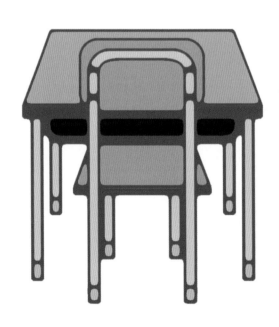

机の配置は目的に応じて違います。道徳の授業ではどのような配置がよいのでしょう。

（1）スタンダード型

　講義型の授業、試験、個人での調べ学習では、教師が黒板を背に、子どもたちと対面する配置（対面式）が多く見られます。これがスタンダード型です。

　この配置は、1872（明治5）年に、時の政府が日本最初の近代的学校制度を定めて以来、教室の基本の型として続いているものです。古くは、江戸時代の寺子屋のいくつかもその配置でした。

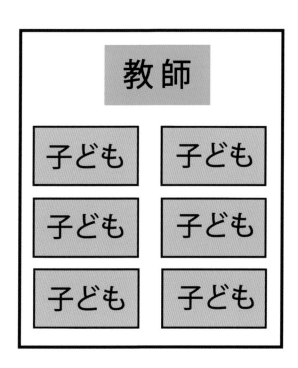

スタンダード型

（2）コの字型

　コの字型は、黒板が見える状態で話し合うことに適した配置です。子どもたち同士、コミュニケーションを取りやすく、教師も子どもたちの表情が見やすくなります。話し合いが中心の道徳の授業に適しています。道徳の授業で、教師対子どもの一問一答式の授業になりがちな場合には、座席をこのように配置するだけで、授業の雰囲気が変わります。

　しかし、この配置の際に、「発言はみんなの方を向いてね。みんなは発言する人の顔をよく見るんだよ」と子どもに伝えることが重要です。そのことは、集中力やしつけにもつながります。

　また、オープンスペースをうまく利用して、「役割演技」「教材の読み聞かせ」の場所としても活用できます。

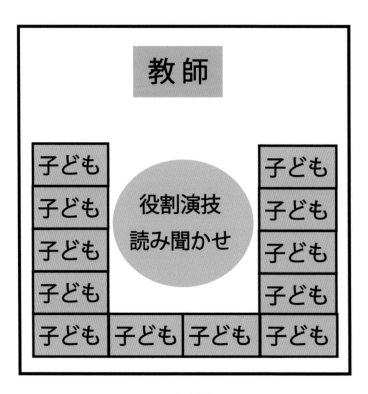

コの字型

（3）フルーツバスケット型

　ある中学校の教師が、「自分の道徳の授業では、どうしても生徒との間に壁があります。どうも授業が、教師から生徒へというように一方通行のような気がして……どうしたらいいですか」と、相談に来ました。

　そこで、「先生が生徒の中に入っていったらどうだろう」と提案しました。

　そのために「対面式でもコの字型でもなく、机を取り払い円になって、先生も参加して、その教材の道徳的価値について話し合ったらどうだろう」とアドバイスしました。それをフルーツバスケット型と名付けました。

　その結果、その先生は、「生徒が本音を出しやすい雰囲気になり、自分も生徒と同じ土俵にいるようで、生徒との壁が低くなった」と授業後に感想を述べています。一度試してみてください。

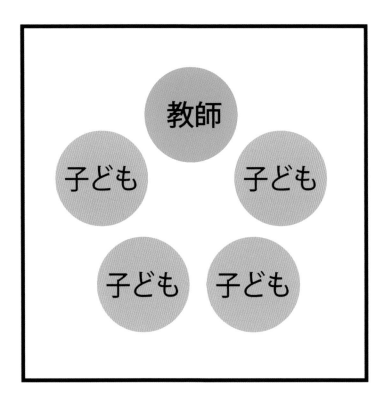

フルーツバスケット型

22

道徳の授業の工夫②
（板書）

道徳の授業において、板書は一般的なものになっていますが、必ず書かなければならないものではありません。

　板書する場合、その目的をはっきりさせることが大切です。道徳の授業で大切にすることは、「議論」を整理し、見えるようにすることです（議論の見える化）。それにより、思考が深まります。

（1）板書の目的

　板書の目的を整理すると以下のようになります。

- **あらすじを分かりやすくする……場面絵が有効です**
- **発問を明確にし、考えやすくする**
- **論点を明確にし、議論しやすいようにする**
- **中心場面（ヤマ場）をクローズアップする**
- **ねらいをはっきりさせる**

（2）板書の留意点

　こどもの発言を板書することは、その発言を認めるということにつながります。

　しかし、すべて板書をしていると、子どもに背を向ける時間が多くなってしまいます。それよりも、しっかり子どもの目を見てうなずく方が、子どもは「もっと話そう」という気になります。この子どもとのアイコンタクトがとても重要です。

　子どもの表情を見る時間が長くなれば、「この子は手を挙げようか迷っているな」ということも分かります。板書より、「今の発言は、どういうことだと思う？」と、他の子どもに返すほうが大切です。

　いずれにしても、教師のコーディネートによる話し合いと、板書の時間配分のバランスを考える必要があります。経験の浅い教師は、板書に時間をかけすぎる傾向があります。

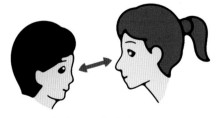

アイコンタクト

23

道徳の授業の工夫③
（ワークシート）

（1）ワークシートの意義

　道徳の授業において、ワークシートを活用する場合があります。最近では道徳ノートも使われています。ワークシートの利点の一つは、子どもたち自身がじっくりと自分自身と向き合い、自分の考えを整理できる点です。そのため、自信をもって発言できます。

　また、道徳の時間が道徳科になり、これまで以上に評価の重要性が高まりました。そこで、記述したもので評価しようとする意味において、ワークシートの役割は大きくなってきています。

（2）ワークシート記入の回数

　さて、ワークシートに記入させる回数はどれくらいがよいでしょうか。

　以前、発問ごとに記入させる中学校の授業を見たことがあります。そのため生徒は４〜５回記入します。生徒は下を向いてひたすら記入し、その合い間にぽつぽつと発言するという授業です。何かテスト対策のプリントをして、答え合わせをしているように見えました。

　ワークシートは「考え、議論する」ための補助的なものとして活用したいものです。そのため、記入させるのは中心発問に対する自分の考えを整理する段階、そして自己を見つめるまとめの段階の２か所くらいが妥当だと思います。

中心発問！　　まとめ！

（3）実際のワークシートの記入から

　ある中学校で参観した授業です。その授業は以下の教材で行われました。

　教材：「ゆずられた命綱」

　　　　　　　　（D 生命の尊さ　『中1 道徳 生きる力』日本文教出版、2011 年）

　　ゆずられた命綱は，1982 年ワシントン市ポトマック川に墜落した航空機事
故をめぐる男性の行為を，新聞記事より書き下ろしたものです。凍え死にそう
な水の中で、救助を待つウイリアムズさんと人々。救援のヘリコプターから降
りてきた命綱を、ウイリアムズさんは人に譲ります。さらに、ウイリアムズさ
んは次も譲ります。そんなウイリアムズさんは、ついに力尽き、生命を落とし
てしまいます。

　この授業では、氷の冷たさを実体験するところから始まりました。自分は、参観
していた場所に一番近い席の生徒を観察することにしました。

　授業は、教師の教材範読に続き、ワークシート配布へと進みました。
ワークシートには

　　Q1　主人公はどのような気持ちから命綱を譲ったのか
　　Q2　沈んでいく主人公はどのような気持ちだったのか
　　Q3　今日の授業の感想

とありました。

　その生徒は、範読が終わりワークシートが配布されると、すぐにQ1を記入し始
めました。そして、「自分は」と書いては消すを繰り返したのち、「やさしい気持ち」
と記入しました。友人の発言は聞いていない様子です。
　Q2については、教師が生徒たちに発問する前に、「他の人が助かってよかった」
と記入しました。
　Q3の最後の感想については、授業開始 20 分後に「人を助けることが大切だとわ
かった」と記入していました。

ここにワークシートの課題があります。ワークシートに発問内容を書いてしまうと、教師がどんな反応を期待しているのか、中学生ぐらいになると分かってしまいます。もちろん発問内容に問題がある場合もありますが、小学校高学年から中学生にかけては、名前の記入欄があるだけのワークシートでよいかもしれません。

　最後に、教師はこのワークシートを回収しました、生徒が書いた事実は事実として受け入れることが重要ですが、その内容が本当に心の中の声なのかどうかは吟味が必要です。

　授業での発言や普段の生徒理解と照らし合わせて、そのワークシートの内容を解釈するべきでしょう。この生徒は、今回の授業中一度も発言していません。指名していたら、ワークシートの内容も変わったかもしれません。道徳の授業では、書くことよりも話し合う（考え、議論する）ことの方が重要です。

ゆずられた命綱　　　　　　氏名　〇〇〇〇

Q1　主人公はどのような気持ちから命綱を譲ったのか
　　自分は・・・・やさしい気持ち

Q2　沈んでいく主人公はどのような気持ちだったのか
　　他の人が助かってよかった

Q3　今日の授業の感想
　　人を助けることが大切だとわかった

24

発問と発言予想

（1）発問の種類

　教材解釈の次に大切なのは発問です。「12．多面的・多角的」や「17．読み物教材の内容構成」のところで述べた中心発問にも関連しますが、発問にはさまざまな種類があります。いずれにしても、どのように発問したら、「考え、議論する」道徳になるのか吟味します。

　ここでは、①場面発問、②テーマ発問、③問題解決的な発問を例示します。

　さて、どんな発問がよい発問と言えるのでしょう。たとえば、「日本の首都はどこですか」「はい、東京です」というような類いではなく、子どもたちが立ち止まり、「ああでもない、こうでもない」と頭を抱えて悩むような発問ができるとよいと思います。

① 場面発問　（ 教材のある場面を取り上げた発問 ）

　場面発問では、文字通り教材の場面における道徳的判断、道徳的心情などや、登場人物の行為・行動の裏側にある内面について発問します。

　子どもたちは、その発問を通して登場人物に自己投影していきます。

<発問例>
　・オオカミ（主人公）はどう考えていた？（判断力）
　・オオカミ（主人公）ははどんな気持ち？（心情）
　・オオカミ（主人公）のこの行動に込められた願いは何？（心情）
　・オオカミ（主人公）はどうしていこうと思った？（実践意欲）

② テーマ発問 （ 道徳的価値（内容項目）そのものに関わる発問 ）

　テーマ発問では、教材の主題や内容項目そのものを追究したり、より深めたりする発問をします。このテーマ発問という言葉を広めたのは、永田繁雄氏（現 東京学芸大学教授、元 文部科学省調査官）です。

　しかし、道徳に真摯に向き合い、こだわりをもって授業をしてきた実践者は、以前からテーマ発問を行っています。

　この発問は、問題解決的な学習でも有効と考えられます。

<発問例>
　・友達って君たちにとって何？
　・生命を大切にするってどういうこと？
　・主人公が大切にしたものは何？
　・主人公を支えたものは何？
　・主人公を変えたものは何？

③ 問題解決的な発問

　問題解決的な発問では、教材に含まれる道徳的問題について、なぜそれが問題なのか、そして解決に向けてよりよい生き方はどうあるべきかを発問します。なお、ここでの発問はテーマ発問と重なってもきます。

<発問例>
　・何が問題になっているのだろう？
　・判断を邪魔しているものは何だろう？
　・解決を妨げているものは何だろう？
　・自分がその状況になったらどうするだろう？
　・よりよい解決方法はない？

発問のポイント

・資料に書かれていない行間を問う

・答えがすぐに分かってしまうような発問はダメ

・頭をかかえて、考え込む発問に……

・発問は、子どもの思考や話し合いを深める重要な鍵

（2）発言予想

　授業をつくる場合に、重要となるのは発言予想です。「この子はこう発言するだろう、あの子はこう発言するだろう」と予想することです。

　それを基におおよその授業展開を考えます。しかし、授業は生き物と言われるように、発言が予想通りになるとは限りません。そのような場合、教師は予想外の発言を大いに喜ぶことが大切です。なぜかというと、その子をより深く理解するきっかけになるからです。そして、授業後に、その子はなぜ、そのような反応になったかを授業記録などから吟味するとさらによいでしょう。

25

授業展開における
教師のコーディネート

（１）発言予想を「授業」に生かす

　発言予想をしたら、その予想を授業にどのように活用するかを考えます。

　たとえば、Ａが発言したら、「Ａの意見に対してどのように思うか」と、Ａとは違う価値観のＢにＡの意見をぶつけます。または、Ａと同じ価値観のＣでもよいでしょう。そして、それを学級全体に広げていきます。

　Ａを授業の核に据え、みんなと関わらせることによって、Ａだけでなくみんなも成長していくことになります。

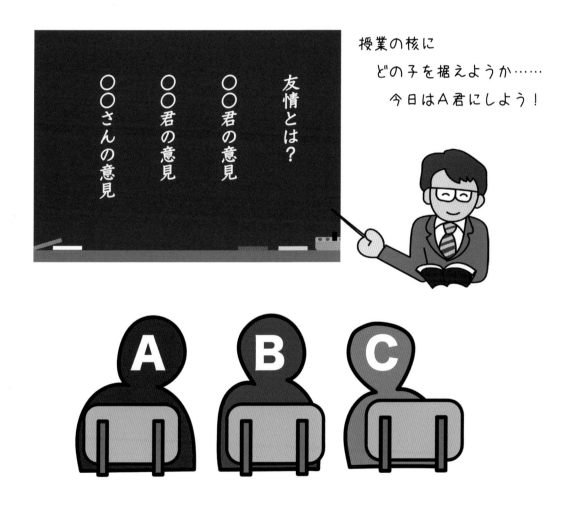

友情とは？

○○君の意見

○○君の意見

○○さんの意見

授業の核に
　どの子を据えようか……
　　今日はＡ君にしよう！

Ａ君にかける教師の願い
　「友情について、もう少し深く考えてくれるといいな」

（2）相互指名と意図的指名

　さて、授業のコーディネートの方法として、相互指名の授業を見ることがあります。相互指名の授業では、雰囲気が活発になり子どもたちが主体的に参加しているように見えます。この相互指名を、一部取り入れることはあってもよいと思いますが、落とし穴があります。たとえば、相互指名は子ども同士の友人関係が反映されやすく、発言が好きな友人に限られる場合が見受けられます。

　道徳の授業のコーディネートでは、あくまで教師が主導で、意図的指名が原則だと考えます。

　なぜなら、子どもたちをより理解しているのが教師だからです。道徳の授業での発言は、子どもたちの生活経験に裏付けられた発言が多く、その発言の深い意味を聞き取れるのは教師です。また、日本語の特徴として語尾に感情が込められます。その語尾までしっかり理解できるのが教師だからです。

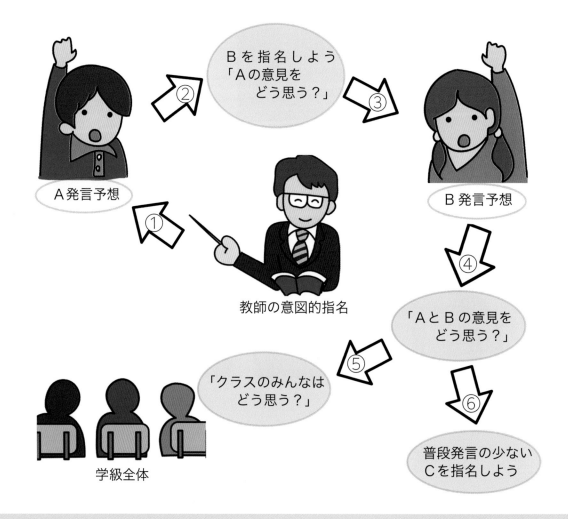

（3）発言予想を「指導案」に生かす

　そもそも指導案は誰のためにあるのでしょう。指導案は、子どもによりよい授業を提供するためにあります。また、授業者自身のためにあります。けっして参観者のため、研究のためのものではありません。よって、子どものためとなる授業者のオリジナルなものでよいと考えます。なぜなら、その授業に対して全責任を負うのが授業者だからです。

　道徳の授業の指導案には、いろいろな形が考えられます。そうはいっても、経験の浅い教師は、授業のあり方・留意点を学ぶためにも指導案の基本的な形は知っておくべきでしょう。

① 基本的な形の指導例

　基本的な形の指導案は、主題名・主題設定の理由（価値観・児童生徒観・教材観）・本時のねらい・指導過程（段階・学習活動・時間・指導上の留意点）・本時の評価が書かれたものです。

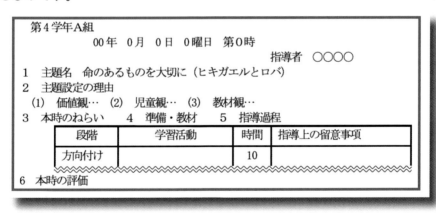

　そのほかに、座席を中心にした「座席指導案」、板書を中心にした「板書指導案」などがあります。

　いずれにしても、教師がどのような意図をもって、どのように授業をコーディネートしていくか、それが反映された指導案であるとよいと思います。そして、参観者ではなく授業者自身にとって意味のあるものにすることが大切です。

　たとえば、指導案や座席表の中が、次のページの図のように矢印でいっぱいになっていてもよいでしょう。どの指導案も、子どもによりよい授業を提供するためにあります。

② 座席指導案例

　コの字型の座席指導案では、座席表の空いたスペースに指導案（略案）として、ねらい、中心発問、核に据える子どもの様子、コーディネートするための矢印（➡）等、授業者が必要と考えるものを書き込んでいきます。

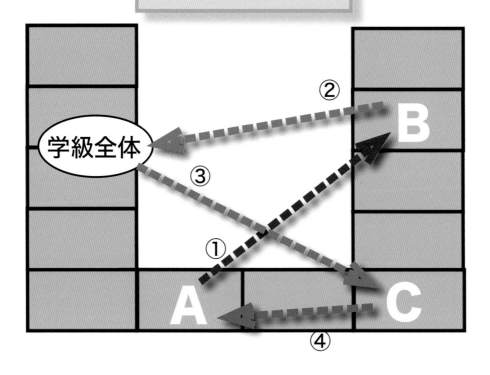

　　○ 主題・内容項目・ねらい
　　○ 中心発問
　　○ 核に据える子ども：A
　　○ Aの日常の様子
　　○ コーディネート（→で表示）

例：**友情・信頼**
　　Aの発言予想：友達とは仲良く
　　Bの発言予想：友達だから、時には厳しく忠告する
　　Cの発言予想：厳しく言うと嫌われないか心配

③ 板書指導案例

板書指導案は板書計画を中心として、そこに指導上の留意事項等を書き足していく形です。

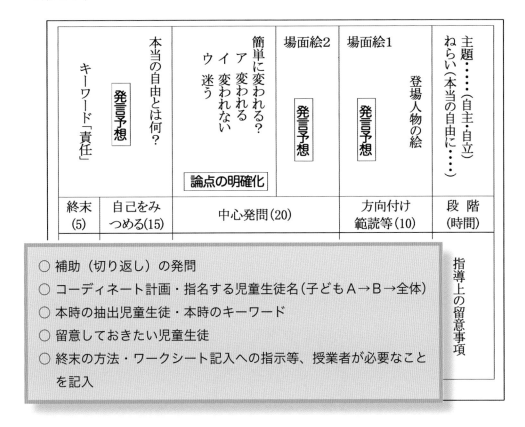

段階 （時間）	方向付け 範読等(10)	中心発問(20)	自己をみ つめる(15)	終末 (5)
主題……（自主・自立） ねらい（本当の自由に……）	場面絵1　登場人物の絵	場面絵2 発言予想　簡単に変われる？ ア　変われる イ　変われない ウ　迷う 発言予想 論点の明確化	本当の自由とは何？ 発言予想	キーワード「責任」

（右欄：指導上の留意事項）

○ 補助（切り返し）の発問
○ コーディネート計画・指名する児童生徒名（子どもA→B→全体）
○ 本時の抽出児童生徒・本時のキーワード
○ 留意しておきたい児童生徒
○ 終末の方法・ワークシート記入への指示等、授業者が必要なことを記入

　筆者が勤務した学校（小・中学校）では、先生方の授業の向上のために「普段の授業を積極的に公開してほしい」と依頼をしてきました。

　ただし、授業者に、「参観者向けの指導案はいらない」としてきました。学校は子どものためにあります。普段の授業がよいものになる、これが子どもたちにとって一番よいことです。なお、公開する際、道徳の授業なら「教材・本時のねらい・特に見てほしい点等を配布するだけでいいですよ」としてきました。もちろん、授業者が必要であれば、自分用に詳しく書くのはOKです。

　すると、経験の浅い教師が積極的に公開しました。筆者は時間があれば、見に行きました。そして、少しでも役に立てばと願い、授業記録をとって、公開した教師に渡してきました。

　教師は、教育の専門家だからといって指導案を通して授業を参観するのではなく、子どもと同じように椅子に座り、教師も授業を受けながら学んでいきたいものです。

26

子どもに対する評価のイメージ

　特別の教科である「道徳科」となり、評価する方針が打ち出され、学校はずいぶん動揺しました。しかしこれまでも、授業である以上、教科であるなしにかかわらず評価をしてきたと思います。

　たとえば、職員室で「A君はいつもふざけてばかりいるのに、今日の生命の尊さの授業では涙ぐんでいた」などと先生同士で話しているのを聞いたことがあるのではないでしょうか。これこそ、道徳科の目指す評価です。これを少し広げるという感覚でよいと考えます。

（1）数値評価はしない

心に、5・4・3・2・1はつけられない

　道徳科では道徳性を養いますが、評価の問題とは、その道徳性（道徳的な判断力・道徳的心情、道徳的実践意欲および態度）をどのように評価するかという問題です。道徳性は要するに心、つまり子ども一人ひとりの内面です。その内面を私たち教師

は「見よう、見よう」としますが、数値で表すことはできません。よって、「数値評価はしない」というのは当然です。人格は数値で表せません。

（2）評価は加点式で励ます

その子の良いところを見つける

　道徳の授業は、とりわけ子ども同士、また子どもと教師の温かい人間関係・信頼関係によって成り立ちます。

　その時の教師の姿勢としては、子どもの発言に「共感する」「感動する」、また、子どもを「応援する」「激励する」などが求められます。その延長線上に評価も位置付ける必要があります。よって、減点式の評価ではなく、「良いところを認める」加点式の評価です。

　さて、加点式で評価するにあたり、「人は簡単には変われない」という前提に立つことが重要です。よって、1時間単位で評価するのではなく、長い期間の観察等をもって、評価すべきだと思います。たとえば、ある授業で、内容項目「節度、節制」について学習したとします。その「節度、節制」について、どの程度道徳的価値を理解したか基準を設けて評価することは避けなければなりません。

　以上を踏まえ、子どもの成長を見取り、認めて励ます評価をすることが大切です。子どもの成長度合いは一人ひとり違うので、評価は個人内評価になります。このことからも、数値評価は適切ではありません。よって記述式の評価となります。

加点式評価

　文部科学省は評価について、「子どもの成長を感じる学習状況について把握をし、個人内評価をする」としています。たとえば、「積極的に発言し、思いやりとは何かについて、自身を振り返りつつ考えを深めていた」などの評価が考えられます。

（3）バーバルとノンバーバルによる評価

　では、道徳性を個人内評価していく場合、教師は何をもって評価していけばよいのでしょう。

　教師は評価者、子どもは被評価者です。その評価は、教師と子どものコミュニケーションの上に成立します。

　コミュニケーションは、バーバルコミュニケーション（Verbal Communication）とノンバーバルコミュニケーション（Non-Verbal Communication）に分かれます。バーバルコミュニケーションを言語的コミュニケーション、ノンバーバルコミュニケーションを言葉を介さない非言語的コミュニケーションと言います。

　子どもの発言や記述したワークシート等で評価するのが、バーバルコミュニケーションによる評価です。

　では、**発言することが少ない子どもは、どのように評価**したらよいでしょう。発言や記述が苦手だから「評価されない」では、加点式の意に反します。

　そこで、ノンバーバルコミュニケーションの評価が重要になってきます。発言はしていないけど、書けてはいないけど、頭の中で一生懸命考えている子どももいるはずです。

　よって、道徳の授業だけで、子どもを見ようとするところに無理があります。評価では、このバーバルコミュニケーションとノンバーバルコミュニケ―ションを組み合わせて子どもを見ることが大切になってきます。行きつくところ、評価は子ども理解で、教師の力量が問われます。

　いずれにしても、道徳科における子どもの評価は、まだ議論が必要です。

子どもの
表情・しぐさから
心（こころ）を読み取ることも
重要

（４）評価のポイント

　評価について図解すると以下のようになります。

数値評価はしない

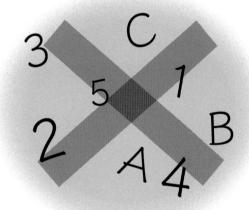

成長につながる評価

【 評価のポイント 】

成長につながる評価をする

・よいところを認める（加点式・励ます）

・明らかによさが現れたところを評価

そのために

・子どもをとことん見ることが大切

・それを記録に残す

・その記録の集積から学習状況等で評価する

いきつくところは

子ども理解

【 評価の一方法 】

授業構想の「発言の予想」とリンクさせる

そのために

予想との食い違い、子どもの変容を見取る

・ワークシート

・振り返りシート

・方向付けの発言とまとめの発言の違い　など

＜教師が多忙にならない評価＞

　年間（学期）の授業の中で「子どもの気付き」が明らかなところなど、顕著な現れを加点式で記録するとよいでしょう。

　　➡通知表に記入（励み評価）

　　➡指導要録とリンク

評価の参考に（ある記事より）

評価の参考にしてほしい記事が、中日新聞に掲載されました。

このほど出版された『永六輔の伝言』(矢崎泰久編、集英社新書)は、先月83歳で逝った永さんが語り、書き残した交遊録で、宝石のような話がたっぷり詰まった本だ。その一つをお届けすると…

故・岸田今日子さんは子どものころ、不登校になった。夏休みが終わり、お母さんに「そろそろ学校へ行ったら…」と言われても、「ずっと行ってないから、イヤ」。それでも「みんなも夏休みだから、お休みしていたのよ。大丈夫」と励まされて、いやいや学校に行った。

岸田さんが手つかずのままの絵日記と宿題を提出すると、先生は「楽しいことがたくさんあり過ぎて、宿題をする暇がなかったのかな」そう笑いかけ、白紙の絵日記に大きな○を書いてくれた。感激した彼女はそれで学校が好きになり、不登校をやめたそうだ。

明日から、9月。夏休みが終わっても学校なんか行きたくないという子もいることだろう。中高生の自殺が増え、9月1日は最も危険な日という統計もある。学校に行くにしろ行かないにしろ、とにかく、自分の命に自分の手で「×」をつけることだけは、しないでほしい。（後略）

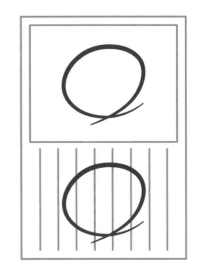

（2016年8月31日　中日新聞「中日春秋」より）

※ この記事は、中日新聞社の許諾を得て転載しています

この記事は、9月1日に自殺が多いということを念頭に書かれたものです。

ここに道徳の授業の評価のヒントがあります。道徳の授業の評価は、先にも述べたように、加点式で成長につながる評価をすることが大切です。この先生の大きな○は、岸田さんの励みになり、前へ進む力を生みだしてくれた評価です。道徳の授業の評価もこうありたいと願います。また、筆者は、こういう先生でありたいと思います。

27

今日的課題と道徳

（1）いじめ根絶に挑む（いじめの構図）

　「いじめ」の根絶は教師の使命、責務です。しかし、難しい課題です。そこで、学級集団の中で、図の中で☆印のついた子どもを増やすために、心を育てていくことが大切になります。道徳の授業がその要です。

「やめろ」と止めに入る子
（公正・公平・社会正義）
（勇気・強い意志）

一緒になっていじめる子
（容認）

関わりたくない子
（無関心）

いじめる子（A）

いじめられている子（B）

自分がAのターゲットになるのが嫌で、いじめる子
（同調）

助けたい、でもできない子
かわいそう、でも言い出せない子

いじめの多くは、個人のいじめから始まり、やがて小グループでのいじめになり、やがて学級集団全体によるいじめに発展します。

　子どもは大半を学級で過ごします。仲間外れになり、その学級に居場所がない子どもはどうしたらよいのでしょう。

　そこで、教師の姿勢としては、子どもが気軽に相談できるような関係を築いておく必要があります。そのうえで道徳の授業で、何でも言い合える雰囲気を学級につくることが重要になります。

　ここでは、いじめを考えさせる時によく取り上げられる教材を紹介します。自分は、中学校１年生の宿泊オリエンテーションの時に、この教材で学年道徳を行ったことがあります。

　感想を言わせた後に、ある生徒が挙手しました。その生徒は「僕は小学校の時にいじめてきました」と涙ぐみながら告白しました。その後に「何をいじめと言うのか」「いじめは防げるのか」について、多くの発言がなされたことを覚えています。

教材例『わたしのいもうと』

（D 生命の尊さ　中1）

　この教材は、作者の松谷みよ子さんのところに届いた一通の手紙をもとに書かれたものです。　主人公の少女は、4年生の時の転校をきっかけに、いじめに遭い心を閉ざし、不登校、引きこもり、拒食症に苦しみます。そして、鶴を折りながら、7年後にひっそりと亡くなったという話です。是非、生徒に読ませたい内容です。

（松谷みよ子、偕成社、1987年）

＜授業後の感想＞

　この話を読み、そしてみんなで話し合って、小6の時のことを思い出した。…その子は怒った。私に対して特に厳しかった。担任の先生とその子と私で話をしても終わらなかった。かげ口や、しかもその子は人を使って私に自分の言いたいことを伝えてきた。伝言みたいに……。

　自分で言えばいいのにと思ったけど、その子に言えなかった。怖かった。自分が一人のような気がして……。

　そしてその子は引っ越した。私はとてもうれしかった。それで私は救われた。もし、その子がまだいたら…そう考えると怖い。自分も学校へ行けなかっただろう。今思うと、そんな自分が情けない。自分が人として小さかったなって思う。（中1生徒）

　この話と娘の感想を読んで、私は涙があふれて仕方なかったです。本当に辛かっただろうと思います。そして、今の子どもたちの心の寂しさを感じました。私はいつも娘に言っています。もし自分がされて嫌なことは人にもしてはいけないのよと。私自身が、もっと他人に対して思いやりをもって接するように子育てしていかなければならないことをもう一度痛感しました。（保護者）

（2）ネット社会への警鐘（情報モラル教育）

　いじめは、SNS（Social Networking Service）等、情報化社会の進展により見えにくくなっています。たとえば、Ｂに対して内緒でグループから外したり、勝手に写真や動画を貼ったりするなど、誹謗中傷がＢの知らない間に瞬時に広がります。そして、SNSを通じて、関わりのない人からもＢは攻撃を受けてしまいます。

　2013（平成25）年9月、国や市町村や学校がいじめ防止に取り組むことを定めた「いじめ防止対策推進法」が施行されました。この法律では、インターネットを通じて行われるいじめの防止にも取り組むことが定められています。

　文部科学省のいじめ関連について記述されたホームページには、次のように示されています。

> インターネット上のいじめを止められるのは、
> 異変に気付いたらすぐに行動できるあなたの勇気

　そこで、道徳の授業でSNS等に関する情報モラル教育を行うことも大切になってきます。内容項目では「善悪の判断（自律）」「節度、節制」「勇気」「思いやり」「礼儀」「友情、信頼」「規則の尊重（遵法精神）」「公正、公平、社会正義」「生命の尊さ」等が関連します。

　ただし、具体的な行動の練習をすることが目的ではありません。また、危険性の啓発に終始することが目的でもありません。よくみかけるのが、携帯電話の使用時間を決めるなど、ルール作りに道徳の授業が使われているケースです。道徳の授業では、前述した「インターネット上のいじめを止められるのは、異変に気付いたらすぐに行動できるあなたの勇気」とあるように、正しい倫理観に従い行動する基となる勇気を扱いたいと思います。

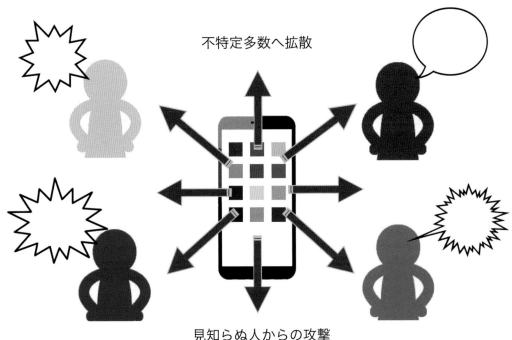

不特定多数へ拡散

見知らぬ人からの攻撃

教材例「知らない間の出来事」

（B 友情、信頼 『私たちの道徳 小学校 5・6 年』文部科学省、2014 年）

　この教材は、転校してきたアユミと、アユミと仲良くなろうとしたミカのそれぞれの回想でできています。

　ミカは、共通の趣味をもっている転校生のアユミと仲良くなりたくて声をかけます。しかし、アユミが、携帯電話を持っていないことを知り残念に思います。そして、ミカはアユミが携帯電話を持っていなかっことから、「友達がいなかった子だろう」と推測でクラスの友達にメールを送ります。

　そのメールが友達から友達へとつながっていく間に、メールの内容が変化してしまいます。その結果、クラスみんなが、アユミに対して事実と異なる噂をするようになってしまい、アユミを傷つけてしまう結果になります。

　この教材は、自分では言っているつもりはないのに、結果的に相手を傷つけてしまったケースです。このすれ違いは子どもの社会だけではなく、大人の社会でもよくあります。そして、その事実でない噂がSNSを通して瞬く間に拡散していきます。道徳の授業では、子どもたちにこれらの出来事に対して、心の面から迫っていきます。

28

教材を図式化する

道徳の授業をするにあたり
重要なこと

① 教材の深い読み取りと解釈

② 発問

③ 発問に対する発言予想

④ 発言予想を基にした授業コーディネート

考え、議論する道徳の授業にするために、教材全体を図で表現して授業づくりをすることをおすすめします。そうすることにより、教材を問題解決的に捉えやすくなります。以下に、例示します。

（1）教材「同じ仲間だから」を図式化する 📖

（C 公正、公平、社会正義　『小3 道徳 生きる力』日本文教出版、2018年）

シーン①	「今度こそ頑張らなくては」「負けるものか」運動会が近づき、今日の体育は学級対抗の「台風の目」という競技の練習です。 　この競技は、3人1組に並んで竹の棒を持ち、前方に立てられた2つの旗をできるだけ早く回ってくる競争です。
シーン②	2組の教室では、登校して来た人たちが、その話に夢中でした。とも子が教室に入ると「ひろし君も、ともちゃんも頑張ってね」という声が聞こえました。 　ひろしは、「だって、僕たちのグループには、光夫君がいるんだものな。ともちゃん」と、とも子の方を振り向いて不満そうに言いました。 　とも子も「そうねえ」と、相づちを打ちました。
シーン③	光夫は、何をするにも遅いのですが、運動は特別苦手なのです。この前の練習の時は、光夫のいるとも子たちのグループが遅れたので、2組が負けてしまいました。　そのため、2組の人たちは、（今日こそ勝ちたい）と強く思っていました。
シーン④	みんなは、いつの間にか教室の後ろの方に集まって、どうしたら勝てるか相談を始めました。とも子もひろしも、その仲間に入りました。 　その時、光夫が教室に入ってきました。「おはよう」みんなは、光夫と挨拶をしながらおやっと思いました。光夫の指には包帯が巻いてあったからです。誰かが「どうしたの」と聞くと、光夫は「自転車の掃除をしていて指を挟んでしまったんだ」と言いながら、ランドセルを下ろして、机の上に置きました。
シーン⑤	ひろしは、何を思ったのか、光夫に駆け寄り、「光夫君、今日の体育はどうするんだ。休むのかい」と聞きました。 　光夫は「僕、休まないよ。指だから体育はできるよ」と、包帯をしている指をぴくぴく動かして見せました。 　「でも、休んだ方がいいんじゃないか。ともちゃん、どう思う」 　とも子は、ひろしの言葉にはっとしました。（そのくらいの怪我だったらで

きるはすだ。光夫さんを休ませるなんて、そんなことはいけない。でも、光夫さんが入ればやっぱり……)「そうね。でも……」。とも子は、返事に困ってしまい、はっきり答えないまま、自分の席に戻りました。

シーン⑥

その時、ふと、3日前のことを思い出しました。その日、家に帰ったとも子に、遠くに転校した同級生のよし子から手紙が届いていました。その手紙には次のようなことが書かれていました。

ともちゃん、私は今、とっても辛いの。それは、私のしゃべる言葉が、こっちの人たちと全然違うために、笑われたり、仲間外れにされたりすることがあるの。私は、早くみんなと仲良くなりたいから、こっちの言葉に慣れるように努力しているのよ。でも、すぐには無理なの。言い方が少しくらい違っても、思っていることやしていることは同じなのに。でも、頑張ってみます。ともちゃんに会いたい。会って今までの言葉で自由に話したい。(仲の良かったよし子さんが、ただ言葉が少し違うという理由だけで、仲間外れになっている。そんなことがあってはいけないのに……)そう思っているうちに、とも子ははっとしました。

シーン⑦

とも子は、自分の席からすっと立って、ひろしたちに近づきました。「ひろしさんたち、光夫さんを外して勝とうとするなんて、間違っていると思うの。同じ2組の仲間じゃないの」と、はっきりと言いました。

ひろしは、小さい声で、「だって」とつぶやきましたが、とも子の真面目な顔を見て黙ってしまいました。

「光夫さん、頑張ろうね」光夫は、初め、きょとんとしていましたが、すぐに、嬉しそうにうなずきました。

シーン⑧

体育の時間になり、いよいよ「台風の目」が始まりました。ひろしが、「光夫君は、真ん中に入るんだったね」と言うと、とも子が「そうよ。光夫さん、ひろしさん、頑張ろうね」と励ましました。「うん。頑張る」と、光夫が元気に答えたとき、とも子たちに棒がわたりました。

「わあっ、頑張れ、頑張れ」。一段と大きくなった応援の声が、運動場に広がりました。

(和田芙美子『道徳の指導資料とその利用 6』文部省による)

さて、この授業を行う場合、いろいろな授業の方法があります。どのように授業を構成することができるか、いくつか例示します。

【授業構成例】

A. 登場人物を追う授業構成

　これは、とも子の心情を中心に追っていく授業で、迷いのところが授業のヤマ場です。

B. 二項対立を軸にした授業構成

　とも子とひろしを中心に、「でも、休んだ方がいいんじゃないか。ともちゃんどう思う」の場面で教材を区切って、とも子がどんな返事をしたか考えさせる授業です。

　この授業を参観したのですが、発問は、次のような構成で行われました。

方向づけ	この前の運動会の時、皆さんはどんな気持ちでいましたか。
基本発問	光夫くんが包帯を巻いている姿を見て、とも子さんのクラスの"みんな"はどんなことを思ったでしょう。
中心発問	とも子さんは、ひろし君に聞かれた後、どんな返事をしたと思いますか。 一緒にやりたい ⇄ 休んでほしい
見つめる発問	どうして、ひろし君は考えが変わったのでしょう。

C. 問題解決的に行う授業構成

🅐 深い教材解釈

　よりよい授業をするのに、教材の深い読み取りと解釈は欠かせません。ここでは、「同じ仲間だから」の教材をどのように読んでいくかを例示します。

　まず、登場人物の性格等です。学級に、似たような子がいるのではないかと思います。学級のその子に思いをはせながら読んでいきます。

学級対抗競技の練習 ➡ 光夫のせいで負けてしまいます

光夫は、どんな子？

　　・運動が苦手
　　・周りの空気は読めていないと想像できる

とも子は、どんな子？

　　・ひろしの言葉に「そうねぇ、でも…」と、よいことではない気がしているが、はっきり言えない
　　・少し優柔不断

ひろしは、どんな子？

　　・どうしても勝ちたい

ひろしの言葉
□「光夫が、いるんだものな。ともちゃん」
□「今日の体育はどうするんだ、休むのかい」
□「休んだ方がいいんじゃないか」
□ とも子の「同じ二組の仲間じゃないの」に対して「**だって**」

学級のみんな

　　・集まって相談…その中に光夫は入っていない
　　・一段と大きくなった応援の声

　この教材で着目したいところは「一段と大きくなった応援の声」が運動場に広がった箇所です。この教材で、「とも子・光夫・ひろし」に焦点を当てがちですが、大切なのはこの3人の周辺にいる学級の子どもたちです。

光夫は、円の外にいました（図1）。つまり仲間として認めてもらっていないということなります。

　しかし、転校していった友達の手紙をきっかけに、とも子が変容していきます。そして、優柔不断であったとも子の勇気・決断により、ひろしをはじめ学級のみんなも気付いていきます。

　そして、光夫も学級という大きな輪の中に入ります（図2）。光夫が入ったことにより、学級の輪は大きくなります。それが表現された箇所が「一段と大きくなった応援の声」になります。

　もし、この箇所で発問するなら「応援の声が一段と大きくなった理由は何でしょう？」になります。

　この大きくなった声は、「仲間として、どうやって光夫を励ますのかに気付いていった学級のみんな」を表現していると思います。この授業のゴールは、「仲間って何？」の問いに対する、子どもたちそれぞれの考えです。

　仲間なら友達の悲しみを理解してあげたい、仲間なら支え合い、助け合いたいという考えに近づけるとよいと思います。

B 教材を図式化する

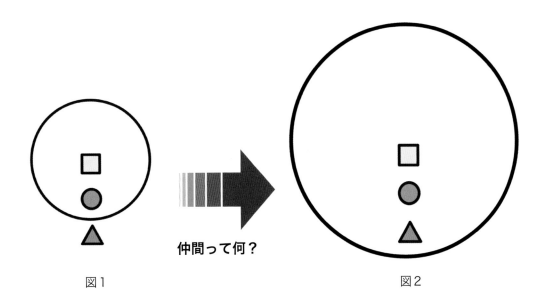

図1　　　仲間って何？　　　図2

C 図式化を基にした指導例

＜発言と授業構成の図示＞

　　Ｔ：（円を板書し）これは何？

　　Ｓ：まる、円、円周率3.14、ボール。

　　Ｔ：今日の授業に関係するんだ。

　　Ｓ：分からない。

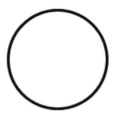

　　Ｔ：（子どもから出てくるとよいが、ヒントを出した後に……）実はこれ学級なんだ。

　　Ｔ：教材範読（登場人物確認）

　　Ｔ：この円に、ひろしの位置 □ 、とも子の位置 ● 、

　　　　光夫の位置 ▲ を示してみよう！誰がどこ？

　　Ｓ：（線上に置いたり、さまざまな位置に置いたりする）

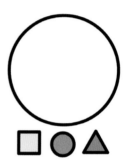

　　Ｔ：□ ● ▲ を、その位置にした理由を述べて。

　　　　（グループで、どの位置にするか話し合って決めさせてもよい）

　　Ｔ：光夫の位置をみんなの円の中に入れるには、何が大切なんだろう？

　　Ｓ：（個人で考える）

　　Ｔ：それができると、円はどうなる？

　　Ｓ：大きくなる。

　　Ｔ：円だけではなく……。

　　Ｓ：応援の声も一段と大きくなった。

　　Ｔ：みんなの考える仲間って何かな？

　　Ｓ：（個人で考えた後、発表する）

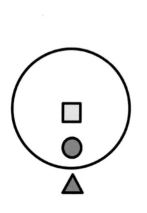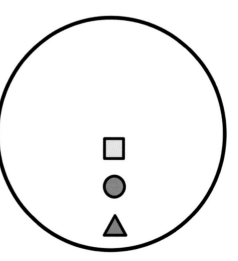

仲間って何？

（2）教材「泣いた赤鬼」を図式化する 📖

（B 友情、信頼　『小4 明るい心』愛知県教育振興会、2011 年）

シーン①	山の中に住んでいる赤鬼は、人間たちとも仲良くしたいと考え、家の前に「心の優しい鬼の家です。遊びに来てください。お菓子もあります」と書いた、立て札を立てますが、人間は疑って、誰一人遊びにきません。
シーン②	赤鬼は悲しみ、腹を立てて立て札を引き抜いてしまいます。そこへ、友達の青鬼が訪ねてきます。青鬼は理由を聞き、赤鬼のために「自分が人間の村へ出かけて大暴れをし、そこへ赤鬼が登場し、青鬼をこらしめる」ことを提案します。そうすれば、赤鬼が優しい鬼だということが分かると言います。 　しぶる赤鬼を、青鬼は、無理やり引っ張って、村へ出かけていき、計画は成功します。そして、村人たちは、赤鬼のところへ遊びに来るようになります。 　赤鬼は人間の友達ができたことを喜びましたが、日がたつにつれて、あの日から訪ねてこなくなった青鬼のことが気になってきます。
シーン③	ある日、赤鬼は、青鬼の家を訪ねます。しかし、青鬼の家は、戸が閉まり貼り紙がしてあります。そこには、「赤鬼くん、人間たちと仲良くして、楽しく暮らしてください。もし、僕がこのまま君と付き合っていると、君も悪い鬼だと思われるかもしれません。それで、僕は、旅に出るけれども、いつまでも君を忘れません。さようなら、体を大事にしてください。君の友達、青鬼」と書いてありました。 　赤鬼は、黙ってそれを何度も読んで、しくしくと泣きます。

（浜田広介『児童文学』1933 年）

　この「泣いた赤鬼」の教材をあらすじ順に図式化すると、図1〜5となります。図4では、赤鬼と青鬼が結果的に離れてしまいましたが、本当によい友達かどうかを考えさせます。そして図5では、距離は離れても心と心の結びつきの距離はどうなったのかを考えさせます。

　このように、図にすることで、教材について深い読み取りと解釈をする手助けになります。

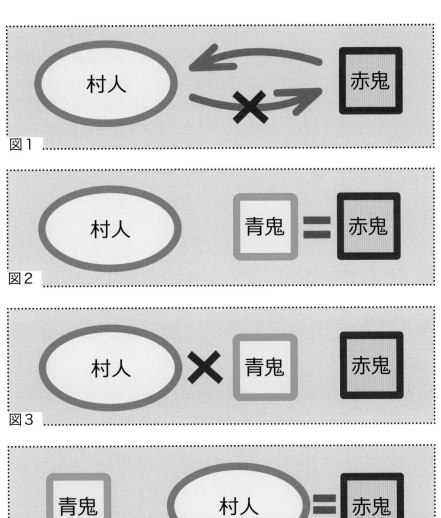

図1

図2

図3

図4

図5

（3）教材「銀のしょく台」を図式化する

（B 相互理解、寛容 『私たちの道徳 小学校5・6年』文部科学省、2014年）

> 罪を犯して長いこと牢屋にいた男ジャンが、4日前にやっと許され、牢屋を出てきます。ところがそんなジャンを泊めてくれるような家はおろか、食事さえ恵んでもらえません。
>
> ジャンが教会を訪ねると、ミリエル司教は大変快くジャンに食事を出してくれたり、ベッドの用意をしてくれたりしました。とても親切にしてもらったのに、ジャンはその夜、ミリエル司教の唯一の贅沢品である銀の燭台を盗み出してしまいます。
>
> 翌朝。ジャンは警官に捕まり、ミリエル司教の前に連れ出されます。

　原作は、ヴィクトル・ユーゴーの『レ・ミゼラブル（ああ無情）』です。内容項目をどれにするか迷う教材です。ここでは、教材の解釈を図示しながら、発問を考えてみます。

　善を○、悪と罪を○で表し、その程度を○の大きさで示します。

┌─────────────┐
│ 教材を図式化する │
└─────────────┘

主人公：ジャン（▶あらすじ）※再現構成法による授業

> 再現構成法とは、教師が教材を読み聞かせ、内容を区切りながら発問等を行い、教材の世界のイメージが膨らむように再現しながら授業を構成していく方法。

▶早くに両親をなくす、貧しい
▶姉とその子どもたちのために、一切れのパンを盗む
▶ 19年の牢屋生活

　　T：ひどすぎない？（発問1）
　　S：ひどい
　　S：悪いことは悪い
　　S：どこにも泊めてもらえない

図1

118

▶*教会で、ミリエル司教にわけを話して泊めてもらう*
▶*銀の食器を盗んで逃げる*

  T：ジャンの赤〇は、どうなる？（発問２）
  S：大きくなる
  T：なぜこちらの赤〇の方が大きいの？（発問３）
  S：善意に対する裏切り

図2

▶*兵隊に捕らえられる*
▶*司教「この銀の燭台もあげたのに忘れていきましたね」*

  T：そんなジャンをなぜ、司教は許すことができるのか？（発問４）

（というように、子どもたちに考えさせていきます。この後、司教は、ジャンに親切を裏切られたのに、燭台までもあげた理由を考えさるのも一つの方法です。）

  S：愛情
  S：ジャンへの期待

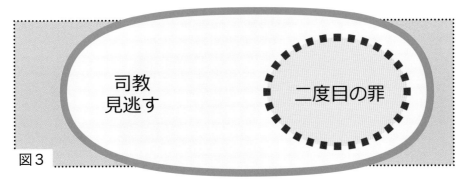

図3

  T：司教のそんな行為によって、ジャンの赤〇はどうなる？（発問５）
  S：赤〇が変化する
  T：変化した理由を教えて

（この次に、「ジャンはミリエル司教から何を学んだの」と問う方法もあります。最後に、「この赤〇が完全に消えるといいね」と終わります。）

29

道徳の授業の悩み、
解決します

多くの教師は、道徳の授業に悩んでいます。ここでは、何に悩んでいるかを明らかにしていきます。

　そのために、ある中学校の教師を対象に「道徳の授業の何に悩んでいるか」という調査を実施しました。なお、質問項目は、『道徳の授業における教師の悩みに関する研究』（前田治　大学教育出版、2015年）を参考に作成してあります。調査は4件法で行っています。

（1）教師の道徳の授業に関する悩みの調査

質問項目 ＼ 悩みのレベル（数値%）	1 とても悩む／大 ← 悩み → 小	2 まあまあ悩む	3 あまり悩まない	4 悩まない	T市立K中学校　2017年5月実施　調査人数47人【主な記述式意見】
1　授業の組み立て方が分からず、授業がうまくいかない	37	41	22	0	・導入、展開をどのようにしたらよいか分からない ・ねらいに結びつく、進め方が分からない ・読解になってしまう ・指導書に頼ってしまう
2　どのように教材を取り上げればいいのか、分からない	41	37	22	0	・どこを取り上げて議論するかが難しい ・中心発問の設定に悩む
3　多様な発言を引き出す発問がうまくできない	48	37	11	4	・一問一答式になってしまう ・どんな発問がねらいにつながるのか分からない ・生徒が正解探しをして、「いい子」発言をしてしまう ・問い直しの発問ができていない
4　表面的な授業になりがちで、深く考えさせることができない	52	33	15	0	・発問が難しい ・問い直しの発問が難しい ・どうしたら深く考えさせられるか分からない
5　多様な価値観を引き出す意見のキャッチボールをさせることができない	37	48	15	0	・問い直しを工夫したい ・意見を伝え合うだけで、議論にならない ・ワークシートに頼りきってしまう ・一部の生徒だけのキャッチボールになってしまう
6　発言に対してどう切り込むとよいのか即座に判断できない	22	67	11	0	・即座に判断することが難しい ・意見の焦点化が難しい ・問い直しの発問が難しい

（前頁の表の続き）

7	ねらいとする価値を内面的に深められない	37	26	37	0	・深めるというイメージがつかめない ・問い直しの発問が難しい ・自分自身、途中でねらいが見えなくなる時がある
8	終わりに「こういう気持ちは大事だね」と押しつけてしまう	22	26	41	11	・つい、やりがち ・生徒自身に気付かせることが難しい ・最後に教師の価値観に強引にもっていってしまう
9	ねらいを達成したかどうかを把握することが難しい	30	37	30	4	・どこまで深めればよいのか難しい ・生徒の変容に気付いてあげられない ・授業後にモヤモヤが残る
10	ついつい「道徳の時間」をつぶしてしまう	22	37	15	26	・行事の時間にならないようにと常に思っている ・短く終わらせてしまう ・気持ち的に逃げてしまう

（2）調査結果に対する解決策

　これまでに述べてきたことと重複する箇所もありますが、調査結果について、どのような解決策が考えられるか、まとめました。（％は、前の調査の「とても悩む」「まあまあ悩む」の合計の比率です。）

> No. 1　授業をどのようにつくっていったらよいかという悩み（78%）

何か、授業がうまくいかないなぁ……どうしても指導書に頼ってしまう……どうやって授業をつくるんだろう？

　この悩みは、経験の浅い教師に多いと思います。最近では大学で模擬授業が必ず位置付けられていますが、まだまだ、授業づくりに時間がかけられていないように感じます。
　まずは、学習過程（指導の流れ）を知っておきます。学習過程のあり方については、さまざまな研究がなされています。学習指導要領には「導入」「展開」「まとめ」という記述がみられます。ここでは、授業づくりの手順を紹介します。

【 さまざまな学習過程 】

ア　導入 ➡ 展開 ➡ まとめ

イ　方向付け ➡ 展開前段 ➡ 展開後段 ➡ 終末

ウ 　方向付け ⇒ 基本発問 ⇒ 中心発問 ⇒ 自己を見つめる発問 ⇒ 終末

エ 　問題把握 ⇒ 予想 ⇒ 問題追究 ⇒ 問題解決（結論）

　さて、次に授業づくりです。ここでは、ウの学習過程で考えていきます。

> ① 　資料を読む
> ② 　中心発問を自ら決定する（発言を予想する）
> ③ 　内容項目を考える
> ④ 　方向付け、基本発問、自己を見つめる発問、終末を考える

このような手順が考えられます。

　そこで、指導書のコピーをやめて、オリジナルな学習過程の流れを考えてみましょう。もちろん経験の浅い教師は、指導書を参考にするのもよいでしょう。しかし、指導書は執筆者、出版社の例示です。道徳教育、道徳の授業の基本をしっかり理解したうえで、オリジナルな授業にしていくことが大切です。

どのように教材を取り上げれ
ばいいのか、分からない……
どこを取り上げて
話し合わせるといいのかな？

　この悩みは、No.1「授業をどのようにつくっていったらよいか」の悩みとも関連します。道徳の時間が、道徳科になり文部科学省の検定を通った教科書を使用することになりました。指導書にはその教材解釈がていねいに記述されていますが、この悩みの解決のためには、道徳の授業で使用する教材を教師自身がしっかり解釈することが重要となります。そのうえで、自分で授業をつくることです。

　ここでは、教材解釈をどのように進めていくのかについて、簡単に説明します。

【 教材解釈のための教材の読み方 】

　教材に登場する人物等の道徳的変化に着目します。具体的には、次のようなことに着目して教材を読んでいきます。

　　　・登場人物の中で、生き方が道徳的に変化したのは誰？
　　　・その人物の生き方が道徳的に変化したのはどの場面？
　　　・その人物の生き方が道徳的に変化したきっかけは何？　または誰？
　　　・その人物の生き方が道徳的に変化した後、自己を見つめたのはどの場面？
　　　・登場人物が一番悩んだところは、どの場面？
　　　・学級でみんなに一番考えさせ、議論させたい場面はどこ？

そこで、教師同士で１つの教材を読み合ってみましょう。１人で読むより２人、２人より３人がよいでしょう。すると、自分とは違った教材解釈の視点が見えてきます。同じ教材でも意外と解釈が違うものです。きっと、その解釈にその人の経験や考え方が反映されるからです。すると、教材を読み合うことは、まるで数人の教師で道徳の授業をしているようになります。このような教材を読み合う会は、楽しいものです。試してみてください。

No.3、No.4　発問に関わる悩み（85%、85%）

> どうしても、一問一答式に
> なってしまう……
> どのように発問したら
> いいのかな？

　発問は難しいですね。特に日本語は、語尾にニュアンスの違いが含まれる特徴があるので、発問は慎重に吟味を重ねることが大切です。発問と授業のコーディネートはセットですが、ここでは、発問だけに焦点をあてます。

　そこで、悩みについての主な記述式意見にある「どんな発問がねらいにつながるのか分からない」を例にします。この悩みを解決するには、この発問をしたら、子どもはどんな発言をするか予想することが大切になってきます。そして、その発言がねらいにどのように関連しているか吟味することが重要です。

> 自分の考えた中心発問で
> 授業をしよう！
> 　教材に書かれていない
> 　行間を問うといいんだ

意見のキャッチボールが
うまくいかないんだけど
どうしたら話し合いは
深まるのかな？

　先ほども述べましたが、発問と授業のコーディネートはセットです。No.5 と No.6 の悩みを解決し、子どもの発言に切り込んでいくために、子どもの発言をできる限り予想することが大切です。　そして、単なる意見の伝え合いから、子ども対子どもの話し合いにしていくことが重要です。

【発言の予想】

　　・子どもの顔を思い浮かべながら予想をしよう

　　・この子どもが発言したら、その意見をあの子どもにぶつけよう

【コーディネートのヒント】

　　・この意見について、みんなはどう？

　　・似た意見はない？

　　・ちょっと違う意見はない？

　　・この意見に賛成？　反対？　その理由は？

　　・誰かこの意見をつなげられる？

　　・誰か他の人で、そこをもう少し詳しく説明してくれるかな？

難しいけど、
ある子どもの意見から、
子ども同士の話し合いに
なるように工夫しよう

> 授業はしたものの、本当に深められたのかな……
> 何かモヤモヤが残ってしまうんだけど……

　ねらいのない授業はありません。この悩みは No.9 の評価の悩みと密接に関連しています。そこで、ねらいとする道徳的価値を深く解釈することが大切です。さらに、生徒のどのような発言があれば、「深められた」「ねらいにたちした」と言えるのか、ゴール（キーワード）を想定してみることが重要です。となると、発言予想も必要になってきます。

　ゴールとは、「ある道徳的価値に関して、自己（人間として）の生き方についての考えを深める」ことです。誘導尋問的にゴールに迫っても意味がありません。

　子どもが「あっ、そうか」「自分は○○な人間だな」「これって大切だな」と、思える授業になるとよいと思います。

　中学校２・３年生の教材「足袋の季節」（日本文教出版）を例にゴールを考えてみます。あらすじを簡単に述べると、次のような内容です。

　　　極貧の筆者は、大福餅を売るおばあさんから、「ふんばりなさいよ」と言って渡された釣銭をごまかしてしまう。筆者は、日夜苦しむ。その後、就職した筆者は、おばあさんを訪ねたが、すでに亡くなっていた。

　主題は「良心に恥じない生き方」です。授業のねらいを「人間がもつ心の弱さを克服し、自分に恥じない生き方を目指そうとする」としました。

　さて、この授業のゴールはと言うと、当然、主題・ねらいとなります。大切なのは、そのゴールのキーワードです。子どもからどんなワードが出てくるとよいかを考えます。

子どもから、
「自分の生き方でつぐなう」
「おばあさんに恥じない生き方をする」……
こんな意見が出てくるといいな

No.8　終末に関する悩み（48%）

授業の終わりに
「こういう気持ちは大事だね」
と、つい、価値を押し付けて
しまう

　終末で、最後に教師の価値観に強引にもっていってしまうことはないでしょうか。
それでは、１時間話し合ってきた意味が無駄になってしまいます。
　しかし、これは、意外と多いかもしれません。なぜなら教師は、１時間を終えた時に、
「子どもたちがこの１時間でしっかり学んだのかどうか」がとても気になるからです。
これは、教師として当然なのですが、道徳は１時間の中で個人の中に何が生まれた
のかは見えにくい授業です。そこで、教師は不安になり「今日、学んだのはこれです」
としてしまうのでしょう。
　終末で価値を押し付けざるをえない授業は失敗です。子どもたちの話し合いを通
して、その価値の重要性に気付かせていきたいものです。筆者は発達段階（学年）
も考慮しつつ、最後は余韻をもたせ、さらに心に深くとどめさせたいと考えています。

余韻のある終わりにしてみよう
詩や格言、音楽、映像、画像、
子ども作文、教師の体験談など

子どもの評価は
どうするんだろう？

　No.7 と関連のある悩みです。教育は「子ども理解に始まり、子ども理解に終わる」これは、筆者が 40 年以上教員を続けてきて得た教育観です。しかし、子どもは理解しきれない存在です。

　それがその子どもの心となればなおさらです。よって心を扱う道徳の授業において、どの程度ねらいが内面的に深まったかを把握するのは難しいことだと思います。その心（内面）の把握について、そもそも無理という考えもあります。しかし、その心（内面）を見ようと努力することは、教育にとってとても重要なことです。

　道徳の授業は、行動まで求めていません。あくまで心（道徳性）を育成することを目指しています。その心（内面）は見えにくいので、少しでもその心（内面）を理解するように、加点式に評価をすることが重要です（詳しくは「26 こどもに対する評価のイメージ」を参照）。

今日から、授業記録・授業の感想・普段の様子・ワークシート・他の先生の情報等から子どもを見てみよう

つい、学校行事に
追われちゃって……
「今日の道徳は体育祭の
　メンバー決めを行います」

　道徳科の授業を他の授業と振り替えたり、行事の準備に使ったり、テスト勉強に使ったりすることはあってはならないことです。これは以前の「道徳の時間」でも同様です。ここで、重要なのは、教師が今まで以上に道徳の授業の大切さを認識し、道徳の授業の充実を図ることです。

　そこで、チームを組んで、道徳の授業に取り組むことを勧めます。たとえば、負担なく教材の読み合いをしたり、お互いに授業を公開し合ったりして、切磋琢磨できる雰囲気ができるとよいと思います。ただし、共同立案はあまり好ましくないと考えています。なぜなら、その学級のことを一番知っているのは担任で、その担任が一人ひとりの子どもの顔を思い浮かべながら授業づくりをし、授業者がその授業に対してすべて責任を負うことが大切だと考えるからです。

「指導案はないけど、
　今度授業を見に来てよ……」
「この教材を使うけど、
　君の解釈を教えて……」

道徳の時間

2007 年 (H19)	01/24	第1次安倍内閣　教育再生会議で「道徳の教科化」提言 ▶「個人の内面評価につながる」として中教審において、慎重論が根強く見送り
2013 年 (H25)	01/15	第2次安倍内閣　教育再生実行会議設置閣議決定 ▶滋賀県の中学生いじめ自殺事件(2011 年)を取上げ、いじめ問題審議⇒首相「規範意識を教えることが重要」と発言
	02/26	教育再生実行会議「いじめ問題等への対応」第一次提言 ▶道徳を新たな枠組みによって教科化
	03/26 12/26	道徳教育の充実に関する懇談会設置 「今後の道徳教育の改善・充実方策について」報告 ▶課題:教師の指導力不足(何を学んだか印象が薄い)・他教科に比べ軽視 　　特別の教科「道徳」(仮称)として 　　　　新たに位置付ける検討が必要 ▶変更点等 道徳の時間を「特別の教科」に格上げ 目標を分かりやすい記述にし、内容を明確化 問題解決的な指導の充実 数値による成績は付けないものの記述式評価をする 国の検定を受けた教科用図書の導入
2014 年 (H26)	02/17	中央教育審議会への諮問
	10/21	中央教育審議会「道徳に係る教育課程の改善等について」答申 ▶道徳教育の基本的な考え方は、適切なものであり、今後も引き継ぐべき ▶特定の価値観を押し付けたり、主体性をもたず言われるままに行動するよう指導したりすることは、道徳教育が目指す方向と対極にあるものと言わなければならない
2015 年 (H27)	03/27	学校教育法施行規則の一部改正 学習指導要領一部改正　小学校（2018(H30)年完全実施） 　　　　　　　　　　　　中学校（2019(R01)年完全実施）

特別の教科「道徳」(道徳科)

れが特別の教科「道徳」（道徳科）

い問題に向き合う

道徳……………………☞　問題解決的な学習

（見点）継続・順序入れ替え

CD（1243）……☞　対象の広がりを考慮

……………………☞　思いやり、感謝……

……………………☞　多様な資料と併用して活用

……………………☞　学習状況や成長の様子を文章記述
……………………☞　要録の変更

充・深化・統合／道徳的価値の自覚／道徳的実践力

「道徳的心情」の前に　☞　いじめ問題が念頭に……

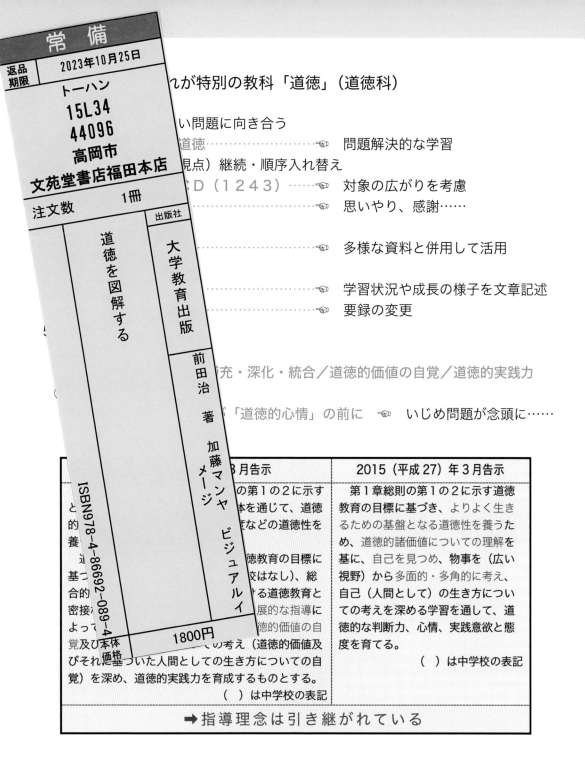

8月告示	2015（平成27）年３月告示
の第１の２に示す…体を通じて、道徳…などの道徳性を…徳教育の目標に…校はなし）、総…する道徳教育と…展的な指導に…徳的価値の自…の考え（道徳的価値及…価値…ついた人間としての生き方についての自覚）を深め、道徳的実践力を育成するものとする。 （　）は中学校の表記	第１章総則の第１の２に示す道徳教育の目標に基づき、よりよく生きるための基盤となる道徳性を養うため、道徳的諸価値についての理解を基に、自己を見つめ、物事を（広い視野）から多面的・多角的に考え、自己（人間として）の生き方についての考えを深める学習を通して、道徳的な判断力、心情、実践意欲と態度を育てる。 （　）は中学校の表記

➡　指 導 理 念 は 引 き 継 が れ て い る

30

大きな木に
育てるために

道徳の時間が道徳科になっても、道徳教育（道徳の授業）の理念は変わらない。
知徳体の徳を育て、人格の完成を目指すことは変わらない。

教師と子どもが人間としてのよりよい生き方を求め、共に考え、共に語り合うことは変わらない。

文言の順序は変わっても、「道徳的な判断力，心情，実践意欲と態度」などの道徳性を育てることも変わらない。そして、自己（人間として）の生き方についての考えを深めることも変わらない。

このように、変わらないのは、人としての生き方に必要な真理であるからである。

冒頭に述べたが、道徳は大きな木を育てるのと同じである。

　　　　　木は水をやりすぎると根が傷んで枯れてしまう

　　　　　木は水を与えないと根が傷んで枯れてしまう

　　　　　　根が心とすると

　　　　　　教えすぎては心が枯れる

　　　　　　教えなくては心が枯れる

心を扱う──それが、道徳の授業。心は簡単に見えないから難しい。
よりよい道徳の授業のあり方の追究はこれからも続く。

おわりに
conclusion

― 生徒が変われるチャンスに ―

　経験の浅い講師の道徳の授業（中2）を見に行きました。教材は童話「ウサギとカメ」。

　その学級には、直近に母親を亡くし生活が乱れてきた生徒がいます。それもあり、この生徒は、素直ではありません。発言も受けねらいが多いようです。他教科ではどうなのか、理科担当の先生に聞いてみました。授業中に発言は一度もなく、ノートもとらないとのこと。

　この生徒は、今日の道徳の授業で多く発言しました。道徳の授業は国社数理英等の教科の学力には関係がありません。発言内容はともかく、この生徒にとって、唯一自分の意見を述べることのできる時間です。このことは授業記録（略）を見れば分かります。これは、ひとえに担任の先生が粘り強くこの生徒の意見を取り上げているからです。

　この生徒の発言は、特徴的です。一般的に生徒がこう考えるだろうという予想とは反対の発言をします。たとえば、「カメに死んでほしかった」という発言がそうです。この時は、さすがにそれまで、この生徒の意見に耳を傾け許容していた級友が、これは言い過ぎだぞという反応を示しました。授業記録の「（むっ？）（おかしい）（意味が分からん）」というつぶやきがそうです。

　このような発言が、この生徒と級友との距離を遠くしています。この生徒は、この時間、他の生徒の発言をどのように感じたのでしょう。

　人はそう簡単には変われません。しかし、「どの生徒もより善くなりたいと願っている」と私は信じています。変われるチャンスは誰にもあります。この生徒もそうです。もちろんこの生徒自身の努力も必要ですが、「ウサギがカメの特長を認めてあげる」とよかったように、この生徒の特長を周りの生徒が認めたら、この生徒も変わってくるかもしれません。

　もし、級友によって変わることができたとしたらそれは素晴らしいことです。そして、そのきっかけが、道徳の授業だとしたら、もっとうれしいことだと思っています。

　繰り返しになりますが、「どの子も善くなりたいと願っている」のです。学校はその子どもたちのためにあります。そして、その要が道徳の授業だと信じています。

著者　前田　治

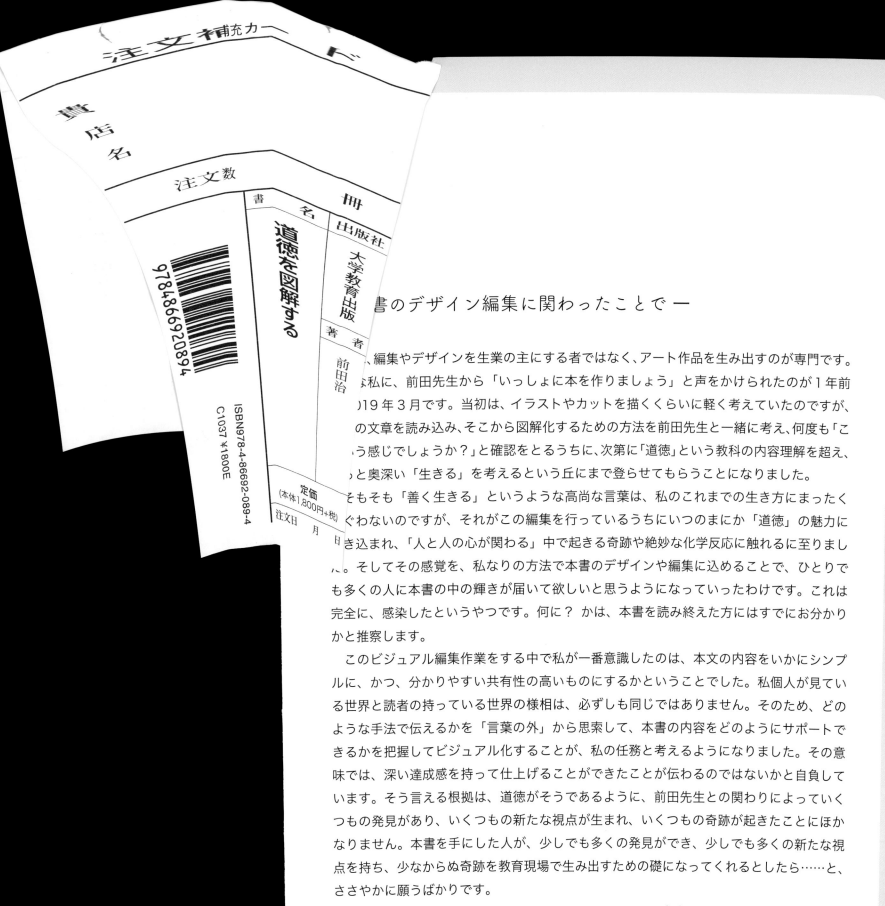

＿ 書のデザイン編集に関わったことで ＿

、編集やデザインを生業の主にする者ではなく、アート作品を生み出すのが専門です。
私に、前田先生から「いっしょに本を作りましょう」と声をかけられたのが1年前
019年3月です。当初は、イラストやカットを描くくらいに軽く考えていたのですが、
の文章を読み込み、そこから図解化するための方法を前田先生と一緒に考え、何度も「こ
う感じでしょうか?」と確認をとるうちに、次第に「道徳」という教科の内容理解を超え、
と奥深い「生きる」を考えるという丘にまで登らせてもらうことになりました。
そもそも「善く生きる」というような高尚な言葉は、私のこれまでの生き方にまったく
ぐわないのですが、それがこの編集を行っているうちにいつのまにか「道徳」の魅力に
き込まれ、「人と人の心が関わる」中で起きる奇跡や絶妙な化学反応に触れるに至りまし
。そしてその感覚を、私なりの方法で本書のデザインや編集に込めることで、ひとりで
も多くの人に本書の中の輝きが届いて欲しいと思うようになっていったわけです。これは
完全に、感染したというやつです。何に? かは、本書を読み終えた方にはすでにお分かり
かと推察します。

　このビジュアル編集作業をする中で私が一番意識したのは、本文の内容をいかにシンプ
ルに、かつ、分かりやすい共有性の高いものにするかということでした。私個人が見てい
る世界と読者の持っている世界の様相は、必ずしも同じではありません。そのため、どの
ような手法で伝えるかを「言葉の外」から思索して、本書の内容をどのようにサポートで
きるかを把握してビジュアル化することが、私の任務と考えるようになりました。その意
味では、深い達成感を持って仕上げることができたことが伝わるのではないかと自負して
います。そう言える根拠は、道徳がそうであるように、前田先生との関わりによっていく
つもの発見があり、いくつもの新たな視点が生まれ、いくつもの奇跡が起きたことにほか
なりません。本書を手にした人が、少しでも多くの発見ができ、少しでも多くの新たな視
点を持ち、少なからぬ奇跡を教育現場で生み出すための礎になってくれるとしたら……と、
ささやかに願うばかりです。

ビジュアルイメージ　加藤　万也

■ 著者

前田 治（まえだ おさむ）

1957 年愛知県東海市生まれ
岐阜大学大学院（教育学研究科カリキュラム開発専攻）修了
現在 愛知学泉大学教授
日本道徳教育学会・日本道徳教育方法学会・社会科の初志をつらぬく会所属
東海市教育委員会青少年センター主幹兼社会教育主事、愛知県総合教育センター研究指導主事、小
中学校校長、愛知県道徳研究部理事、県道徳講座講師、全小道・全中道等指導助言、各小中学校道徳
研修の研究会・セミナーの講師、中学校道徳教科書編集委員、小中学校教科書用指導書執筆等多数

主な著書
　『道徳の授業における教師の悩みに関する研究』（2015 年、大学教育出版）
　『学校の風景そして授業の風景―子どもと教師の学び合い―』（2017 年、大学教育出版）

■ ビジュアルイメージ　（表紙・イラスト・図・デザイン）

加藤 マンヤ（かとう まんや）

1962 年愛知県豊田市生まれ
愛知教育大学卒、同大学院修了後、英国国立ノッティンガムトレント大学大学院（芸術学）修了
現在 愛知学泉大学教授
大学美術教育学会・絵本学会所属

主な活動
　1985 年より現代美術家・彫刻家・舞台美術家として活動
　2008 年石田財団芸術奨励賞を受賞
　東京・大阪・名古屋のギャラリーおよび公立美術館での個展をはじめ、イギリス・イタリアなど
　海外での発表多数

売上カード

大学教育出版
〒700-0953 岡山市南区西市855-4
電話 086（2 44)1268
FAX 086（2 46)0294

ISBN978-4-86692-089-4
C1037 ¥1800E

日　書　名
注文　月　日
売上　月　日

道徳を図解する

前田 治　著

定価
（本体1,800円＋税）

9784866920894

道徳を図解する。

― 道徳の授業をもっと楽しくするための 30 の秘密 ―

2020 年 8 月 10 日　初版第 1 刷発行

■著　者 ──────────── 前田　治
■ビジュアルイメージ ──── 加藤 マンヤ
■発行者 ──────────── 佐藤　守
■発行所 ──────────── 株式会社 大学教育出版
　　　　　　　　　　　　　〒700-0953　岡山県岡山市南区西市 855-4
　　　　　　　　　　　　　電話（086）244-1268　FAX（086）246-0294

■印刷製本 ────────── P・P印刷

ISBN998-4-86692-089-4